약 안 쓰고 아이 키우기

감기에서
아토피까지

김효진 지음

약
안 쓰고
아이
키우기

이 책을 네이버 카페
'약 안 쓰고 아이 키우기'의
안아키스트 모두에게 드립니다.

저는 짧은 이론과 일천한 육아 경험밖에 없었는데 여러분의 많은 상담과 노하우와 각종 수다 글들 덕분에 가장 현실적으로 다가갈 수 있는 가정치료법 책을 만든 것 같습니다. 제게 책 쓸 시간을 만들어주신 제1기 맘닥터들께 진심으로 감사드리며 앞으로도 여러분과 함께할 것을 약속합니다.

프롤로그

행복한 자연육아를 위한
친절한 안내서

안녕하세요, 살림닥터 김효진입니다. 책을 통해 여러분과 인연을 맺게 된 것, 참으로 감사하고 기쁘게 생각합니다.

저는 네 아이의 엄마이고, 대학 졸업 후 바로 개원하여 올해로 30년째 진료 중인 한의사입니다. 요즘 말로 표현하면 30년 차 워킹맘이죠. 대구에서 살림한의원을 운영 중이고, 네이버에서 '약 안 쓰고 아이 키우기'라는 육아 카페를 운영하고 있습니다.

오랜 시간 진료만 하던 제가 진료 상담이 가능한 홈페이지가 아닌 육아 카페를, 그것도 진료실에 찾아오라는 내용이 아니라 오지 말라는 내용으로 육아 카페를 한다니 왠지 안 맞는 것 같죠?

한의학에는 오랫동안 변하지 않는 레벨이라는 것이 있습니다. 의사를 능력에 따라 상의(上醫), 중의(中醫), 하의(下醫)로 구분하는 것입니다. 글로만 보았을 때 의사라면 누구나 상의가 되고 싶겠죠?

하지만 현실은 그렇지 않습니다. 왜냐하면 상의라는 것은 여러분이 알고 계신, 부와 명예가 따르는 그런 명의가 아니기 때문입니다. 이와 관련해서는 유명한 화타 형제 이야기가 있습니다.

주나라 황제가 화타에게 물었습니다.

"너희 삼형제가 모두 의술이 뛰어나다 하는데 네 생각엔 누가 제일 명의인가? 세간에서는 막내인 네가 가장 명의라고 하더구나."

"제 생각에는 큰형님이 가장 상의이시고 둘째 형님이 중의이시고 저는 하의일 뿐입니다. 상의는 병이 생기기 전에 미리 알아서 예방하는 것이고, 중의는 병이 생겼을 때 조기에 손을 써서 큰 병이 되기 전에 치료하는 것이고, 하의는 병이 다 드러난 다음에 뒤늦게 치료하는 것입니다. 증상이 드러나 죽네 사네 할 때 치료라는 것이 효과를 극명히 드러나게 하는 것이다 보니 사람들은 제가 대단한 줄 알고 있지만 내용을 따지고 보면 사실은 제가 가장 하의입니다."

상황이 이러하니 어느 정도 실력을 인정받아 하의 가운데 고수 반열에 들 수 있다면 그 사람이 바로 돈과 명예를 얻게 되는 것입니다.

하지만 저는 상의가 되고 싶습니다. 도덕성이 고매해서 돈과 명예를 탐하지 않고 상의가 되고 싶은 것이 아닙니다. 너무 자주 아픈 일을 겪으니까 이제는 가슴이 너덜너덜해져서 더 이상 이런 모습을 보고 있다가는 제가 암에 걸리거나 심장마비로 죽을 것만 같습니다.

집집마다 아이들이 아프고, 어른들의 질환을 아이들이 앓고, 예전에는 없던 질환이 자꾸만 생겨서 성장조차 제대로 이어가지 못하는 아이들이 엄마 아빠 손에 이끌려 진료실로 들어섭니다. TV와 신문에서는 억울하게 죽고 병드는 아이들 기사가 끊이질 않습니다.

지금까지 의술로 밥을 먹고 살아왔으니 이제는 힘들어도 살아온 세월만큼 그 빚을 갚으며 살아야겠다 생각했습니다. 그래서 통할지 안 통할지 모르면서도 일단 입을 열어보자 하고 시작한 일이 온라인에서 상담을 해주고 자료를 제공하면서 인연 되는 사람들에게 억울한 환자가 되지 말라고 말해주는 것이었습니다.

그래서 만들어진 육아 카페가 생각보다 호응이 좋아 회원 수도 많이 늘어나고…… 지금은 예방을 위한 적극적인 약선(藥膳) 개발로까지 이어지고 있습니다. 지난해에는 '내가 집에서 내 아이의 1차 의료 기관 노릇을 하겠다' 하는 맘닥터 제1기가 배출되기도 했습니다.

이 책은 약 안 쓰고 아이 키우기 카페(이하 '안아키'로 표기합니다)에 올린 글들과 보충 설명들로 엮은 것입니다. 안아키의 엄마들이 생각의 전환을 통해 더 편안하고 행복한 육아를 하게 되었다 하시고, 아이들도 더 건강해졌다고 하시니 그에 힘입어 더 많은 분들께 이런 자연적이면서도 행복하고 건강한 육아를 알려드리고 싶어 감히 용기를 내보았습니다.

그래서 이 책의 내용은 시간이 부족한 워킹맘들, 아이를 보면 답이 보이지 않거나 자책감이 느껴지는 엄마들을 위한 자연육아 입문서입니다. 부디 많은 관심을 가져주시고 이번 인연으로 아프고 무거운 육아가 아니라 편하고 행복한 육아를 하실 수 있게 되기를 바랍니다.

우리 집 아이는 약을 너무 많이 써서 더 이상 항생제가 듣지 않는다고, 내성균이 무섭다고 막연히 겁내지 마시고 적극적인 예방과 자연스러운 치료가 가능한 길을 이 책 안에서 찾으시기 바라며 인사를 마칩니다.

이 글을 읽는 여러분과 여러분의 아이 모두 건강해지시기를 빌겠습니다.

2016년 4월에 진료실에서
살림닥터 김효진

차례

프롤로그 행복한 자연육아를 위한 친절한 안내서 6

시작하기 전에 아이 넷을 건강하게 키운 노하우 15

제1장 당신의 아이는 신의 선물입니다

약 안 쓰고 아이 키우기란? ·· 25

육아와 치료는 다릅니다 ·· 31

병을 치료하는 것보다 더 중요한 것 ·· 36

약을 써서 키우는 것보다 자연치료가 정말 쉬울까? ····················· 43

아픈 것과 아파 보이는 것은 다릅니다 ····································· 48

씨앗은 터지고 깨져야 나무가 됩니다 ······································ 53

아이들에게 알레르기와 아토피가 많은 진짜 이유 ······················· 57

아픈 아이를 보며 죄책감에 시달리는 엄마들에게 ······················· 64

제2장 부모가 최고의 의사다

아이가 열이 나면 무섭고 두려운가요? ·· 71
의료의 덫, 검사 결과와 수치 ·· 76
오늘도 아이는 항생제를 달고 사나요? ·· 83
아이 대신 아파주시면 안 될까요? ·· 91
부모가 최고의 의사다 ·· 95
감기란 무엇인가? ·· 101
비염에서 천식까지의 새로운 이해 ·· 105
아토피를 비롯한 피부 질환의 새로운 이해 ·· 109

제3장 아프면서 자라는 아이들

열은 저절로 내릴 때까지 기다리는 것입니다 ·························· 119

비염과 중이염의 간단 대처법 ·························· 130

편도선염의 가정요법 ·························· 139

천식은 약으로는 치료할 수 없다 ·························· 142

구토의 종류별 대처법 ·························· 149

난감한 복통, 어떻게 대처할까? ·························· 155

장염과 설사의 간단 해결법 ·························· 161

아토피는 토해내야 낫는다 ·························· 168

알레르기의 해소와 적응법 ·························· 179

'경끼', 놀라지 마시고 이렇게 하세요 ·························· 185

신기하게 빨리 낫는 화상 응급조치법 ·························· 190

제4장 병을 잘 이겨내는 튼튼한 아이로 키우려면

백신 설명서를 읽어보셨나요? ······················· 205
똑똑한 소화기 만들기는 이유기에 결정됩니다 ················· 217
각 단계별 이유식 노하우 ······················· 224
이유식의 재료별, 조리별 특징과 의미 ················· 233
소화 상태를 알 수 있는 월령별 대변 판독 기준 ··············· 244
건강보조식품 먹이기, 기준이 있어야 합니다 ················ 251
자연육아로 면역력을 기르는 것이 답입니다 ················ 255
치료보다는 예방에 관심을 가져야겠죠? ················· 262
미생물과 일촌 맺기, 꼭 필요합니다 ··················· 266
건강한 자연육아를 위한 대원칙 ···················· 270
의사 노릇 30년, 엄마 노릇 27년의 결론 ················ 279

에필로그 여러분을 안아키로 초대합니다! **284**

시작하기 전에

아이 넷을
건강하게 키운 노하우

 자연육아에 일찌감치 관심이 많다 보니 저도 모르게 자연육아를 소개하는 각종 서적과 인터넷 사이트를 자주 접하게 되었습니다. 좋은 내용들이 꽤 많았지만 책을 덮으면 한숨만 나오고 사이트의 글들을 보고 나면 무력감과 자책감에 빠져들었습니다.

 모든 내용이 오로지 이 세상의 모든 가치 중 최고의 가치는 훌륭한 어머니가 되는 일밖에 없는 것처럼 여겨지는 주제들을 다루고 있었습니다. 또 훌륭한 어머니가 되려면 온종일 아이만 생각하고, 모든 행동을 아이의 교육을 위한 관점에서 초지일관되게 해야 하는 것들이었습니다. 거기에 '나'란 존재는 없었습니다.

 나도 우리 엄마에게는 귀한 딸인데, 우리 엄마가 나를 훌륭한 사람이 되어라 가르치고 노력하며 키우셨는데 결국 내가 가장 잘되는 것은 이런 엄마가 되는 것인가 하는 생각이 들었습니다. 모든 여성이 오로지 어머니로서의 위치에만 의미를 둔다면 주부로서 필요한 지식 이외의 전문 지식을 여성들이 배우는 것이 무슨 의미가 있겠습니까? 여성이 자라 어머니가 되고, 또 그 딸들이 자라 어머니가 되고…….

여성으로서 가장 훌륭한 일이 오로지 어머니가 되는 것밖에 없다면 한의사인 저는 괜한 시간과 돈을 들여 무의미한 공부를 오래 한 것밖에는 아무것도 되지 않았습니다. '이건 아닌데……' 하는 생각이 들었죠.

현실을 돌아보니 많은 예쁜 여자들이, 똑똑하고 유능한 여자들이 출산 후 이어지는 육아 때문에 엉망진창의 몰골이 되고, 머릿속은 바보가 되고, 심리는 결정 장애인이 되어 있었습니다.

그리고 저 역시 그들과 마찬가지로 끝없이 밀려드는 피로와 무력감과 죄책감에 시달리고 있었습니다. 하루 종일 진료하고 지친 몸으로 집에 돌아가지만 아이를 보면 종일 떨어져 있었다는 사실이 너무 미안하고, 아이를 돌보아주신 부모님께 감사하고 미안하고, 조금이라도 보상하려면 퇴근 후에 아이는 무조건 내가 맡아야 하고, 한밤중에 수유며 기저귀 갈이로 잠을 설치고, 혹 아이가 아프기라도 하면 더더욱 미안하고 안타깝고, 일하는 나 자신이 무의미하게 느껴지곤 했었습니다.

게다가 첫째 아이는 밤만 되면 눈이 말똥말똥해져서 절대 자지 않겠다는 듯 재우려고만 하면 울어댔습니다. 가족 모두를 불면으로 만들 수 없어서 애를 업고 동네 골목길을 왔다 갔다 하다가 새벽을 맞은 적이 한두 번이 아니었습니다. 그러다 보니 진료하는 일이 갈수록 피곤했습니다. 아무리 머리를 써봐도 나의 피로를 해결하고, 종일 아이에게도 미안하지 않고, 부모님께도 죄송하지 않은 방법을 찾을 수 없었습니다.

고민 끝에 한번 해보자 하고 어느 날 아이를 업고 출근했습니다. 한의원에 보행기를 갖다 두고 환자들을 진료하면서 틈틈이 시간 날 때마다 아이와 눈을 맞추며 놀았습니다. 마음 한편이 가볍고 행복했습니다. 한의원에 데려온 뒤부터 신기하게도 아이가 밤에 울지 않고 잘 잤습니다.

그렇게 며칠이 지난 어느 날, 엄마가 한의원에 오셨습니다.

"너는 환자들이 네 모성애를 보러 한의원에 온다고 생각하냐? 애 업고 진료하는 네 모습은 전혀 전문적으로 보이지도 않고 그저 가정 형편 때문에 한의원에 나와야 하는 초라한 여자로 보인다. 나도 일하면서 너희를 키웠지만 전문인답지 못한 모습을 보여준 적은 한 번도 없다."

이렇게 말하시더니 아이를 받아 업고 밖으로 나가셨습니다. 망치로 머리를 한 대 맞은 기분이었습니다. 다른 사람은 아이를 업고 진료하는 제게 실망할 수 있겠지만 우리 엄마가 저런 반응을 보이다니, 이게 무슨 일일까 하는 충격이었죠. 엄마도 한때는 육아에 전념했을 텐데……. 뭐가 잘못된 걸까 싶었습니다.

그날부터 심각하게 고민했습니다. 일하는 여자는 육아에 어울리지 않는가 하고 말이죠. 일이냐 가정이냐, 여자는 둘 중 하나를 선택해야 하는가 생각하고 또 생각했습니다. 그리고 우리 엄마를 되돌아보며 생각을 정리했습니다. 엄마 역시 일하는 분이었고 전문인이었으니까 나와 가장 비슷한 처지였다는 생각에 롤모델로 떠오를 수밖에 없었습니다.

또 반대로 어렸을 때부터 결혼하기 전까지의 나를 떠올렸습니다. 나 자신이 엄마를 바라보는 아이의 시선을 대신할 수 있었기 때문입니다. 일하는 엄마를 둔 자식으로서의 나는 우리 엄마에게서 엄마로서 부족하다고 느껴본 적이 거의 없었습니다.

그리고 고민 끝에 내린 결론은 인간적으로 내가 참 많이 부족했다는 것이었습니다. 생각도 경험도 모두 부족한 내가 엄마가 된다는 게 어떤 것인지도 모른 채 아무 준비 없이 엄마가 되어 우왕좌왕하고 있었던 것입니다.

아이는 엄마의 희생이 아니라 엄마의 사랑을 먹고 자랍니다. 엄마가 아이를 사랑하는 것이 분명한데 무슨 부족감이 있겠습니까. 연애 중인 두 연인이 종일 직장 때문에 떨어져 있다가 저녁에 만나면 더 반갑고 좋은 것이지 하루 종일 함께하지 못했다는 부족감에 화가 날 일은 없겠죠?

아이들의 심리적 탯줄은 5세까지 이어져 있다고 합니다. 그런데 하루 종일 일한 엄마가 피로에 지쳐 들어와, 죄책감으로 자신을 대한다면 아이는 무척 슬프고 화가 날 것입니다. 큰 깨달음을 얻은 기분이었습니다.

아침에 아이를 집에 두고 출근하면서 다른 날처럼 미안한 마음으로 "엄마 일찍 올게"라는 말 대신 밝은 얼굴로 "오늘 하루도 행복하고 즐겁게 잘 지내. 엄마도 일찍 오도록 노력해볼게" 하고 웃으며 당당하게 인사했습니다.

그리고 퇴근 후에는 서둘러 아이를 돌보려 애쓰지 않고 아이에게 설명해주었습니다.

"엄마가 방금 퇴근해서 배도 고프고 피곤하니까 조금만 더 있다가 놀자."

"엄마가 지금 할 일이 있으니까 넌 조금 기다려야 해. 알았지?"

매일매일 조금씩 더 당당한 모습에 익숙해져갔습니다.

그래서일까요? 밤마다 자지 않으려고 울던 아이가 밤이 되면 조용히 곁에서 잠들기 시작했습니다. 죄책감과 피로로 힘든 엄마보다는 당당하고 덜 피곤한 엄마를 심리적 탯줄로 느끼면서 심리적 안정이 온 것이 아닌가 생각됩니다.

이처럼 아이에게도 가족으로서의 해야 할 몫을 떼어주자 육아가 덜 피곤한 일이 되었습니다. 나의 스트레스가 줄어드는 것이 곧 아이의 면역력을 높이는 결과가 되어서인지 아이의 건강도 더 좋아지는 것 같았습니다.

저는 다시 한의사로 돌아가고, 일을 계속하면서도 아이를 또 낳는다는 것이 힘겹고 두렵게 느껴지지 않았습니다. 아이를 또 낳는다는 것은 나를 이해할 가족이 한 사람 더 느는 일일 뿐이죠.

아이를 위한 자연육아서들을 모두 눈앞에서 치웠습니다. 그리고 관련 사이트들도 정보 검색 차원에서 이용하는 것 말고는 더 이상 하지 않았습니다. 엄마를 죄인으로 만들고, 무능력자로 만드는 주장들은 모두 틀렸다고 결론지었습니다. 그 결론은 지금도 여전히 제게는 유효합니다.

어떤 이유로든 저처럼 아이를 보면 사랑하기 때문에 죄책감을 느끼는 엄마가 있다면 "그런 죄책감은 개나 줘버려~!"라고 하고 싶습니다. 그런 엄마들을 위해, 모든 엄마 된 여성들을 위해 저는 가장 쉽고 만족스러운 자연육아법을 소개하고자 합니다. 바쁜 것으로 치자면 상위권에 드는 제가 아이를 넷이나 건강하게 키울 수 있었던 것은 제가 해온 육아법이, 약 안 쓰고 아이 키우기가 그만큼 쉽고 좋은 것이라고 자부하기 때문입니다.

여러 자연육아법을 주장하는 책들처럼 엄마의 지극정성을 요구하지 않으면서도 아이에게는 가장 좋은 방법들, 여러 사이트에서처럼 많은 시간을 할애하지 않고도 충분히 효과적인 결과를 아이에게 줄 수 있는 방법들을 소개하려 합니다. 그러니 시간이 없고 바쁜 엄마라면, 일하는 워킹맘이라 늘 마음이 무겁다면 부디 시간을 내서라도 이 책을 읽고 잘 활용하시기 바랍니다.

  그래서 만족스럽고 행복한 육아를 통해 아이에게 엄마의 당당함을 에너지로 전해주세요. 그리고 여러분 자신도 어느 엄마의 귀한 딸이라는 것을 꼭 기억하시기 바랍니다.

제1장

당신의 아이는
신의 선물입니다

약 안 쓰고
아이 키우기란?

 분명히 약도 문명의 이기(利器) 중 하나인데 왜 이 좋은 문명 시대에 살면서 약 안 쓰고 아이 키우기를 주장할까요? 왜냐하면 지금은 약물 오남용으로 인한 문제가 약물로 얻는 이익보다 더 커졌기 때문입니다. 약 안 쓰고 아이 키우기라는 말은 정확히 말해서 꼭 필요할 때만 약을 쓰고 약물 오남용을 피한다는 의미입니다. 최근 들어 부각되는 항생제 내성 문제 역시 약물 오남용의 결과입니다.
 의대를 가는 이들은 누구나 그렇겠지만 저 역시 아픈 사람을 고쳐주는 사람이 되고 싶어 한의대를 선택했습니다.
 한의원을 하면서 진료실을 찾는 사람들을 통해 그들이 전에 어디서 어떤 치료를 받았는지 히스토리를 듣게 됩니다. 처음에는 그냥 그런가 보다 하고 들었던 이야기가 서로 다른 환자들의 입을 통해서 계속 동일한 스토리로 반복되는 것을 듣다 보니 이건 아닌데 하는 생각이 들기 시작했습니다.
 원론적으로 생각해보죠. 병원이란 아픈 사람이 찾아가 자신의 고통을 호소하면 약이나 수술을 통해 치료해주어 다시 건강한 삶으로 복귀할 수 있도록 도와주는 곳이어야 합니다. 그런데 현재의 병원이 과연 그런 곳인가요? 지금의 병원은 아픈 사람은 물론이고 아프지 않은 사람까지 온갖 정밀 검사를 통해서 진단을 받고 많은 사람이 죽을 때까지 약을 먹어야 하는 평생 환자 명찰을 달고 나오는 곳입니다. 이쯤 되면 병원은 아픈 사람을 치료하는 곳이 아니라 환자를 생산하는 공장인 셈이죠.

우리 엄마는 약사님입니다. 그래서 저는 어릴 때 약국에 있던 적이 많았습니다. 어릴 적 기억을 떠올려보면 엄마에게 약을 지으러 오는 사람들이 자주 하던 말이 생각납니다.

"약사님, 한 봉지만 지어주시면 안 되겠습니까? 저는 약사님이 지어주신 약 한 봉지만 먹으면 딱 떨어지는데 하루치 지어가면 맨날 두 봉지가 남아요."

그런데 지금은 사소한 감기에도 일주일 이상은 예사이고, 보름 또는 한 달까지 약을 먹으며 치료합니다. 외국에선 감기에 항생제 처방은 비상식적으로 보고 있는데도 불구하고 우리나라 병원에서는 예방한다며 미리 항생제를 처방하고 엄마 아빠들은 충실히 의사의 지시대로 약을 먹입니다. 그리고 나선 고민합니다. 아이를 치료하자니 항생제를 안 먹일 수 없고, 먹이자니 너무 오래 먹였다는 불안감도 들고······. 왜 이런 일이 생겼을까요?

제가 어렸을 때부터 지금까지의 시간이 흐르는 동안 약물내성이라는 것이 한두 사람의 개인적인 문제가 아니라 온 나라의 모든 사람들에게 일어났기 때문입니다. 약물내성은 다른 말로 하면 내 몸이 약물중독이 되었다는 의미입니다.

　모든 중독의 해결 방법은 한 가지입니다. 일단 중독을 끊는 것입니다. 아직 사용하지 않았거나 중독까지 되지 않았다면 사용을 극히 자제하는 것이 중독되지 않는 방법입니다. 그래서 저는 아직 어린 아이들은 약물내성이라는 이름의 중독 상태를 만들지 않을 수 있다고 보는 것입니다.

　중독은 부정적인 의미로 많이 쓰입니다. 알코올중독, 마약중독, 게임중독 등등 대부분 부정적인 내용들입니다. 이 같은 중독의 경우 지속적인 사용은 더욱더 부정적인 미래를 안겨줍니다.

　치료에 쓰이는 약도 마찬가지입니다. 약이라는 달콤하고 위로가 되는 이름 때문에 많은 사람들이 스스로가 약물중독이 되었다는 걸 모르고 살아갑니다. 그러다 어느 날 항생제가 듣지 않습니다, 라는 선고를 받고 나서야 지난날 사소한 증상에도 쉽게 자주 사용한 약물을 떠올리며 후회하지만 이미 답은 없는 상황인 것이죠.

　류머티즘 때문에 병원을 다니면서 의사의 지시대로 약을 처방받아 충실히 먹는 사람들이 완치된 경우는 거의 없고 대부분 관절염이 아니라 마약중독으로 사망한다는 사실을 알고 계십니까? 어차피 약으로는 처음부터 치료될 수 없는 질환이었기 때문에 약은 순간적인 위안이고 진통제일 뿐입니다. 그 진통제가 처음에는 가벼운 것으로 시작되지만 점차 내성이 생기면서 약의 단위 수가 올라가고 약의 종류가 바뀝니다.

그래도 안 되면 결국 진통제 중에서 가장 강력한 마약 성분을 처방하게 되고, 그때부터 도덕적으로도 가치관에서도 마약과는 아무 관련이 없던 사람들이 자신도 모르게 마약 환자가 되어가는 것이죠. 나중에는 의사가 위험하다고 처방전을 내주지 않을 지경이 되어도 애원해서 처방을 받으려고 합니다. 의사는 당신이 간절히 원한 일이고 더 이상의 답도 없는 상황이니 내 책임이 아니다 하며 처방전을 내줍니다.

건강검진에서 경계성 고혈압이라는 진단과 함께 스스로 몸 관리를 하거나 약을 먹거나 둘 중 하나를 택하라는 말을 처음 들었을 때 사람들은 대부분 약을 선택합니다. 알약 하나 먹는 것으로 모든 생활을 바꾸지 않아도 된다는 것은 참으로 편리하고 달콤한 유혹이기 때문입니다.

하지만 그 약 한 알로 끝날 줄 알았던 것이 시간이 지나면서 점점 변해갑니다. 고혈압약 하나만 먹던 사람이 고혈압약의 장기 복용 결과로 고지혈증 진단을 받고 콜레스테롤 제거제라는 약을 추가로 처방받습니다. 그리고 또 시간이 지나면 그 약의 장기 복용 결과로 혈액순환이 불량하다며 순환개선제를 처방받고요.

순환개선제를 먹다 보면 심장이 약해졌다며 심장약을 처방받습니다. 그렇게 약을 먹다 보면 의사가 약을 오래 많이 먹으면 간이 나빠진다며 예방 차원에서 간약을 처방해줍니다. 그다음엔 위장에 부담이 된다면서 위장약을 처방받습니다.

또 독한 약을 너무 많이 먹었으니까 왠지 건강기능식품이라도 먹어야 될 것 같다고 스스로 생각해서 건강기능식품을 찾기 시작합니다. 약이 아닌 까닭에 심리적 부담이 적어서 가능한 한 많이 먹게 됩니다.

하지만 건강기능식품을 먹어도 상태는 점점 더 나빠집니다. 약의 단위 수가 점차 올라가고 때로는 어떤 약은 더 이상 효과가 없다며 처방해주지 않습니다. 이쯤 되면 몸이 망가져서 입맛이 떨어지고 입이 씁니다. 이때는 한의원을 찾아와 입맛이 돌아오는 보약을 지어달라고 합니다.

"그 많은 약을 그토록 오래 드셨으니 입맛이 없는 게 정상적이죠. 일단 약을 끊는 것만으로도 어느 정도 입맛이 돌아올 겁니다. 시간 맞춰 그 약을 모두 먹다 보면 약 먹느라 물 먹는 양만 계산해도 배가 부를 것 같습니다. 그것도 모자라 건강기능식품까지 드셨으니 어떻게 입맛이 돌겠어요?"

진료실에서 환자들에게 제가 자주 하는 말입니다.

암 환자들을 진찰하다 보면 건강기능식품을 어디까지 먹을 수 있는지 끝을 보게 됩니다. 약이 사람을 치료하는 것이라면 일정 기간 복용했을 때 더 건강해져야 옳겠죠? 그런데 처음에는 약을 하나 먹기 시작했는데 점점 그 양이 늘어난다면 이건 약을 먹어서 병이 늘어나는 것 아닌가요?

 이런 이상한 상황들은 단 한 가지 이유 때문입니다. 우리가 약을 먹고 병을 치료하는 모든 행위가 궁극적으로는 더 건강한 몸을 유지하기 위해서인데, 의사도 환자도 이 기본적인 사실을 잊고 있기 때문입니다. 모두 지금의 증상을 해결하는 데에만 관심을 보일 뿐, 근원적이고 궁극적인 건강에 대해서는 고민하지 않기 때문입니다.

 아토피를 앓는 아이는 아토피만 나으면 모든 것이 저절로 해결됩니까? 아토피만 나으면 성장 지연이 일어나도, 스테로이드 부작용으로 신장이 망가져도 괜찮습니까? 왜, 언제부터, 무엇 때문에 이런 기본적인 것을 잊었습니까?

 지금이라도 정신을 차려야 합니다. 병을 죽이는 것과 나를 살리는 것은 전혀 다른 이야기입니다. 병을 죽이는 게 목표라면 점점 더 독한 약이 필요할 것이고 나를 살리는 데 목표를 둔다면 독한 약보다는, 약물중독보다는 면역력을 기르는 데 더 깊은 관심을 가지게 될 것입니다.

육아와 치료는 다릅니다

 요즘 부모들은 뭐든 병원에서 답을 찾고 싶어 하고, 의사가 시키는 대로 하는 것이 가장 좋은 육아라고 생각하는 듯합니다. 병원은, 의사는 치료에 관한 조언을 구하는 곳이지 일반적인 육아에 관한 조언을 하는 곳이 아닙니다. 그런데 어쩌다 이렇게 되었을까요?

 그건 아이들을 환자로 착각하는 부모들의 관념에서 비롯된 일입니다. 요람에서 무덤까지, 모든 것이 병원에서 시작하여 병원에서 끝나는 인생을 살기 때문입니다.

 이런 상황이 정상적이라면 여러분은 모두 환자를 낳은 것입니다. 여러분의 부모는 정상적이고 건강한 아이를 낳아 키웠는데 여러분은 환자를 낳았기 때문에 육아 방식이 달라야 하고 뭐든 의사에게 물어봐야 한다는 결론이 나옵니다.

 정말 그렇습니까? 여러분 모두 환자를 낳았습니까? 여러분의 부모 대에서는 유전자에 아무 문제가 없었는데 여러분 대에서는 도대체 무슨 일이 생겼기에 여러분은 모두 환자를 낳게 된 것입니까?

내 아이라면 엄마인 나의 젖이 세상에서 가장 좋은 먹거리이고 나의 젖을 먹고 잘 자라야 합니다. 그런데 젖이 나빠 아이의 병이 심해진다면서 의사로부터 단유(斷乳)를 종용당합니다. 분명 자신이 낳았는데 자기 아이가 아닌 듯한 이런 반응은 어디서 비롯된 것일까요? 임신 과정에서 유전자 돌연변이라도 생긴 것일까요?

옛날에도 엄마에게 변고가 생기면 젖을 먹지 못하는 아기들이 있었습니다. 그때 아기들은 다른 집 엄마의 젖을 얻어먹거나, 그도 여의치 않으면 소나 염소, 양의 젖을 먹었습니다. 그런데 분유를 먹여도 유당 알레르기 때문에 항알레르기 분유를 먹여야 하는 사태가 늘고 있습니다. 먹을 것이 젖밖에 없는 아기들이 유당 알레르기라면 이 아기들은 현대에 태어나지 않았다면 다 굶어 죽었을 것이라는 얘기가 됩니다. 이 시대에 무슨 일이 생겼길래 이런 말도 안 되는 상황이 벌어지는 겁니까?

더 불행하고 황당한 점은 지구인인 여러분이 외계인을 낳았다는 것입니다. 지구인이라면 지구 환경에 알맞은 조건을 가지고 태어나야 합니다. 그런데 많은 아이들이 이 지구의 환경 조건에 부적응 진단을 받고 약을 먹으며, 온갖 위험을 겨우겨우 피해 살아갑니다.

지구에는 햇빛과 바람과 물이 있고, 이런 것들은 지구의 모든 생명을 살게 하는 근원적인 조건입니다. 그런데 많은 사람들이 햇빛 알레르기가 있다면서 햇빛을 피하고, 날마다 열심히 또 열심히 선크림을 바르고 햇빛을 증오하며 살아갑니다.

바람을 쐬면 황사와 미세 먼지, 꽃가루 때문에 기침이 심해지고 천식 발작이 일어난다며 바람을 피합니다. 목욕만 하면 따가워하는 아이, 장마철이면 미친 듯이 긁어대는 바람에 온몸이 상처투성이가 되는 아이, 습기 알레르기라는 병명을 가진 사람들.

집집마다 정밀 검사를 하면 집먼지진드기 몇 마리 정도는 다 있을 것입니다. 그런데 집먼지진드기 알레르기가 나왔다면서 온 집안을 소독하고 항균 침구로 바꾸고 결벽증 환자처럼 손을 씻고 틈날 때마다 손 소독을 합니다. 항균 소독을 하지 않은 이웃집에는 집먼지진드기가 있을까 봐 놀러 가지도 않습니다.

인간은 먹어야 사는데 먹는 것마다 알레르기 반응이 일어나서 아무거나 먹기가 어렵습니다. 이런 상황들을 가만히 살펴보면 지구 환경에 부적응이라는 얘기밖에 생각나지 않습니다.

제가 볼 때는 여러분 모두 건강한 아기들을 낳았습니다. 하지만 아기를 바라보는 부모의 시각이 바뀐 것이라고 저는 생각합니다. 아니, 더 정확히는 아기를 바라보는 부모의 시각을 누군가가 의도적으로 바꾸었다고 생각합니다.

왜? 무엇 때문에? 그게 돈이 되니까 그랬던 것 아닐까요? 그렇다면 이런 변화로 돈을 벌게 된 사람은 누구일까요? 병원, 제약회사, 관련 물품 제조업체 등등 이런 곳들이겠죠?

실제로 이런 곳들은 점점 규모가 커지고 있습니다. 여러분이 낳은 아기들이 환자가 되고, 외계인이 될수록 돈을 버는 사람들이 있습니다. 이런 사람들에게 여러분은 부모라는 이름 때문에 '호객님'이 될 겁니까?

여러분이 호객님이 될수록 여러분의 아이는 환자가 되고, 남의 아이가 되고, 외계인이 됩니다. 이런데도 아이를 위해 돈을 쓰는 것은 즐거운 보람이라며 돈을 쓸 겁니까?

감히 조언하건대 여러분의 아기를 환자로 몰아가는 곳에, 남의 아이로 몰아가는 곳에, 외계인으로 몰아가는 곳에 절대 돈을 쓰지 마십시오. 이것은 명백한 사기입니다.

여러분은 변형 없는 유전자로 이 지구에서 살아가는 데 전혀 부족함 없는 건강한 아기를 낳았습니다. 부부는 사랑으로 임신했고, 사랑이 유전자 왜곡을 부르는 일은 있을 수 없습니다. 그렇기 때문에 지금 이런 부적응 현상을 보이는 아이가 있다면 그것은 태어난 후에 생긴 여러 가지 이유로 얻은 병이라는 의미입니다.

처음부터 그런 체질의 아이를 낳는 것은 유전학적으로 불가능합니다. 병이면 치료해야 하고, 치료되면 충분히 적응해야 하고, 이 모든 조건들을 누리며 살 수 있어야 합니다.

그런데 체질이라는 이름으로, 당연하다는 말로 아이의 정체성을 이대로 규정하는 사람이 있다면 그는 지독히 무식하거나 극악한 사기꾼일 것입니다. 도덕적 문제를 생각하고 최대한 좋게 생각해본다면 그 자신이 현대의 금전적 육아 시스템에 가장 완벽하게 세뇌당한 사람일 것입니다.

여러분의 아이가 지금 이런 상황이라면 치료하십시오. 방법은 얼마든지 있습니다. 자연이 문제라고 생각한 상황에서 자연만이 치료법을 알려줄 수 있고, 그 자연스러운 치료법을 이 책에서 알려주고 있는 것입니다.

그리고 치료 이전에 왜 이런 이상한 생명의 왜곡이 일어나게 되었는지에 대해서도 관심을 가지고 살펴봐야 합니다. 여러분이 지금 살피지 않으면 여러분의 아이들이 자라서 부모가 되었을 때는 더 심각한 왜곡의 확산으로 아기를 낳는 것이 곧 불행을 부르는 일이 될지도 모릅니다.

지금부터라도 치료가 아닌 육아가 가능하도록 노력해보겠습니까?

병을 치료하는 것보다
더 중요한 것

　시장이 커진다는 것은 풍요를 뜻합니다. 작은 도시에 큰 마트가 들어서면 실제로 수요가 늘어납니다. 그 결과, 생활은 더 풍요로워지죠. 생산지가 커지고 유통이 커진다는 것은 더 많은 물건이 생활 속에 쓰일 수 있다는 뜻입니다.

　큰 병원이 없던 작은 도시에 대형 병원이 생기면 사람들은 좋아합니다. 그리고 갑자기 안 받던 검사도 받게 되고……. 그러면서 사람들은 더 살기 좋은 곳이 되었다고 말합니다.

　하지만 의료 시장은 절대 커지면 안 되는 곳입니다. 의료 시장이 커진다는 것은 환자가 늘어난다는 얘깁니다. 마트가 생기면서 안 쓰던 물건을 쓰는 것처럼 병원이 생기는 바람에 안 아프던 사람들이 환자가 되죠.

　환자를 줄이려면 의료 시장이 작아져야 합니다. 그런데 오히려 점점 커지기만 합니다. 왜 이런 상황이 계속되는지, 어떻게 하면 의료 시장을 줄이고 더 건강해질 수 있는지 생각해봅시다.

건강한 삶을 위한 병과의 싸움은 과학의 발전에 힘입어 현대 의학을 엄청나게 발전된 기술로까지 끌어올렸습니다. 못 보던 것을 보게 하고, 못 만지던 곳을 만지게 했습니다. 그 덕분에 많은 사람들이 생명을 구했습니다. 여기까지는 참 좋았다고 생각합니다. 하지만 죽을 사람이 살아나는 것을 보여주면서 현대 의학에 대한 사람들의 믿음은 너무 커져버렸습니다.

죽음의 공포를 이기기 위한 하나의 수단이 종교입니다. 현대 의학은 놀라운 효과를 보여준 덕분에 점차 종교의 수준으로 격상됩니다. 이제 의사는 절대적인 명령자이고 의사의 말은 순응해야 하는 것이며 의사의 말을 듣지 않으면 그것은 곧 죽겠다는 자살의 의지로 여기게 되었습니다. 그래서 의사의 선고에 환자들은 "왜?" 또는 "이해를 구합니다"라는 사소한 반문조차 못하게 되었습니다.

그 결과 꼬박꼬박 때맞춰 백신을 맞고 정기검진을 받게 되었습니다. 그리고 검진 결과에 그대로 순응하는 삶을 살게 되었고요. 죽을 때까지 평생 약 먹으라는 처방이 쉽게 나오고, 그 명령을 충실하게 지키며 약 끊으면 죽는 줄 아는 사람들이 늘어갔습니다.

엄청난 현대적 장비로 무장한 큰 병원이 없으면 복지 소외로 느껴지게 되고 심지어는 돈 모아 성지순례를 가듯 큰 병원으로 가서 종합검진을 받고 어마어마한 양의 약을 타오는 것이 풍요의 상징으로 여겨지게 되었습니다.

연세 든 부모님 종합검진 안 받게 해드리면 불효인 듯 여겨지게 되었습니다. 겨울 초입이면 꼭 독감 예방주사를 맞도록 해드리는 것이 아들 며느리의 기본 지침이 되었습니다. 의료 시장은 빅뱅처럼 성장했습니다.

집집마다 환자가 넘쳐납니다. 아직도 작은 동네에서는 큰 병원이 없다고 투덜댑니다. 정치인들은 선거철이 되면 큰 병원을 유치하겠노라고 공약합니다. 그 공약은 큰 호응을 얻습니다.

이런 사회적 쏠림 현상 때문에 세상은 더 크고 중요한 것을 잊어버렸습니다. 바로 병에 안 걸리는 방법을 말입니다. 모두가 환자이니 병에 안 걸린다는 것은 상상하기 힘든 일이 되어버렸죠. 원래는 병에 걸려서 치료하는 것보다 병에 안 걸리도록 관심을 가져야 하는데 말입니다.

우리 선생님께선 "병이 생기는 곳은 몸이지만 병이 오는 곳은 생활과 마음이다"라고 가르쳐주셨습니다. 병에 걸리면 어떻게 치료해야 할지 잘 모르는 사람들도 생활과 마음을 살펴서 병을 예방할 수 있습니다. 하지만 그 방법을 자꾸 잊어버립니다.

저는 병을 치료하는 일 이전에 병에 걸리지 않게 하는 데 관심을 가졌습니다. 왜 우리가 환자가 되어야 하느냐에 의문을 품었습니다. 그리고 큰 원인 중 하나를 찾아냈습니다. 그것은 현대라는 시대적 문제로 병원이 되레 병을 만드는 곳이라는 걸 말이죠. 의료 시장이 환자를 양산하는 곳임을 깨달았습니다.

그래서 저는 의료 소비자를 줄이려고 애씁니다. 과도한 검사와 불안 심리가 도리어 병의 원인이라는 것을 주장합니다. 과잉 검진이 환자를 만든다고 말이죠.

물론 고전적인 병은 언제든, 어디에나 있습니다. 그러나 현대에는 병원이 만들어낸 병도 아주 많습니다. 이런 병에 걸린다면 참으로 억울하겠죠. 심지어 그로 인해 죽음까지 간다면 더더욱 억울한 일이고요.

저는 이런 억울하고 무의미한 병과 죽음을 방지하려는 노력을 하는 것입니다. 그리고 고전적인 병까지 예방하려고 노력하는 것입니다. 그래서 먹거리와 생활에 관심을 갖는 것입니다.

지금 환자가 아니라면 더 나은 건강을 위해 운동하고 잘 먹는 것에 관심을 가져야 합니다. 지금 환자라면 어떻게 해야 이 상황에서 벗어날 것인지를 고민하고 노력해야 합니다. 평생 환자 명찰을 달고 살면서 이대로도 좋으니 살게만 해달라는 거지 같은 구걸의 삶을 살면 안 됩니다. 노력하다 죽더라도 자존감을 가지고 인간답게 살아야 합니다.

그러려면 병에서 벗어날 수 있다는 믿음과 의지를 가지고 건강한 사람의 꿈을 버리면 안 됩니다. 약을 먹지 않고, 보조 장치를 달지 않고 살아갈 수 있는 날을 위해 노력해야 합니다. 의사들에게 더 심도 있는 연구를 하라고 압박을 넣어야 합니다. 돈 벌려고 환자 아닌 사람에게 과잉 검진을 해서 환자로 만들 것이 아니라 진짜 환자들을 치료할 수 있도록 진짜 연구를 하라고 해야 합니다.

아무 탈 없이, 잘 살고 있는 사람을 불러다가 여기저기 쑤셔대며 정밀 검사랍시고 한 다음 당신은 당신의 병을 모르고 있다면서 약을 쥐여주는 방식은 아니라는 말이죠. 약을 쥐여주며 이제부터 내 말 듣지 않으면 죽는다고 협박해선 안 된다는 말이죠.

저는 병원을 거부하거나 싫어하지 않습니다. 다만 시대적 쏠림 때문에 억지 환자가 되는 것을 최대한 막아보려고 애쓰는 것뿐입니다. 그리고 되도록이면 고전적 건강의 지향점을 잊어버리지 않으려고 애씁니다. 바로 예방과 더 나은 건강을 유지하는 삶 말이죠. 병원이 환자의 예방과 치료에 진정한 관심을 보인다면 저는 여러분 모두에게 병원에 함께 가자고 할 것입니다.

하지만 지금 상황으로 봐서는 중세 가톨릭이 그랬던 것처럼 현대 의학은 지나치게 권력과 돈의 중심이 되고 있습니다. 지금의 항생제는, 백신은, 건강검진은 중세의 면죄부와 같습니다. 외면하고 싶지만 불안하고 찝찝하게 만듭니다. 면죄부가 없다는 이유만으로도 큰 죄를 지은 것 같은, 지옥행 차표를 예약한 것 같은 느낌.

그런데 지금의 우리가 보면 면죄부는 완전 무뇌아적인 발상이고 말도 안 되죠. 하지만 그 시대에는 대다수가 선택한다는 이유만으로도 면죄부가 없으면 불안했을 것입니다. 그 불안이 합리적이고 이성적인 사고를 불가능하게 한 심리적 원인이 되었을 것입니다.

하지만 누군가는 중심을 붙잡고 이성적 판단과 행동을 주장했으며 한 사람씩 그 주장에 눈뜨고 정신을 차렸기 때문에 중세의 면죄부는 지금도 부끄러운 역사로 기록되어 있는 것이겠죠.

이런 의료 시장의 상황 때문에 우리 아이들에게 어떤 일이 생겼는지 한번 생각해볼까요? 임신을 확인하는 순간부터 병원에서 정기검진을 받습니다. 어찌 보면 안심되고 좋은 의료 복지 같습니다만, 또 달리 보면 임신한 그 순간부터 환자로 인식되는 것 같기도 합니다.

그리고 병원에서 아이를 낳습니다. 출산 중에 위험한 상황이 생겼을 때 가장 빨리 가장 안심할 만한 조치를 받을 수 있는 곳이므로 병원에서 아이를 낳는 것이 다행이라는 생각도 듭니다. 하지만 또 한편으로는 출산이야말로 자연스럽고 당연한 일이고 위험한 출산은 그리 흔한 경우가 아닌데 모두 위험한 출산이라도 하는 듯 병원에서 아기를 낳는 것이 과연 좋은 방법일까 하는 생각도 듭니다.

임신 중에 받은 정기검진을 통해 위험한 출산이 될 가능성에 대해서는 사전에 어느 정도 확인되므로 그럴 가능성이 높은 사람만 병원을 찾는 것이 당연하지 않을까요? 항생제 내성균을 포함해서 각종 병원균이 가장 많이 상주하는 곳이 병원이라는 점을 생각하면 위험 요소가 딱히 있지 않은 산모의 경우에는 병원에서의 출산이 가장 안전하지 못한 출산이 될 수도 있습니다.

출생과 동시에 아기들은 간염 예방접종을 받고 온갖 검사를 받습니다. 이 역시 환자로 인식되어 있기 때문이라고 밖에 설명할 수 없습니다. 그리고 출산 후 집에서 잘 조리하며 보호받아야 할 삼칠일 동안 아기와 엄마는 병원균이 가장 많은 병원으로 예방접종을 위해 외출을 합니다. 이렇게 시작된 병원과의 인연은 삶의 마지막인 죽음까지 병원에서 마무리되는 것으로 끝납니다.

생의 처음부터 마지막까지 병원과 이어지는 현대의 시스템은 의료 시장의 확장을 부채질하고 있습니다. 이런 상황에서 어떻게 의료 시장이 축소될 가능성이 있겠습니까? 의료 시장이 점차 커지는 상황에서 어떻게 환자가 되지 않을 수 있겠습니까?

이 책을 쓰는 저의 바람은 그저 소박하고 단순한 딱 한 가지뿐입니다. 건강하게 태어나 건강하게 살다가 천수를 누리고 때가 되어 자연스럽게 노환으로 죽고 싶다는 것, 환자로 태어나 환자로 살다가 환자로 죽는 것은 피하고 싶다는 것입니다.

이 글을 읽으면서 그게 얼마나 크고 어려운 소망인데 소박하다고 하느냐 반문할 분들이 있을 겁니다. 당연하고 자연스러운 이 소망을, 예전 같으면 소망이라 할 것도 아닌 이런 것을 소망이라고 말하는데 이를 욕심이라고까지 생각한다는 것 자체가 이미 현대 의료 시스템의 문제를 보여주는 것입니다.

자연육아란 말 그대로 자연스럽게 태어나 자연스럽게 죽을 수 있는 기반을 성장기에 만들고자 하는 것일 뿐입니다.

약을 써서 키우는 것보다 자연치료가 정말 쉬울까?

　자연치료, 자연육아를 선택한 많은 부모님들이 큰 용기를 내고 큰 결심을 하고 부푼 기대로 찾아옵니다. 입으로는 약을 쓰지 않고 치료한다는 것은 기다리고 인내할 줄 알아야 한다고 말하지만 사실은 대중적인 길에서 벗어났다는 것 때문에 심리적으로 불안한 상태입니다.

　그런 불안 심리 때문에 더더욱 눈에 띄는 확실한 결과를 빨리 보고 싶어 합니다. 자신에게도 주변 지인들에게도 자신의 선택이 틀리지 않았음을 보여주고 인정받고 싶기 때문입니다.

　그런 분들에게 제가 자주 하는 말을 여러분에게도 들려드릴까 합니다.

　"자연치료란, 자연육아란 무농약 유기농으로 농사짓는 일과 같습니다. 그동안은 농약과 화학비료로 농사를 지었는데 더 열심히 노력한다고 해서 땅이 금방 해독되고 수확이 풍성해질 수는 없습니다. 더 오래 걸리고 더 많은 노력을 쏟아야 한다는 점을 당연하게 생각하고 받아들여야 가능한 일입니다. 시간이 오래 걸리더라도 믿고 꾸준히 실천한다면 결과는 정직하게 나타날 것입니다."

"우리가 농사를 지을 때 봄여름에 다른 사람보다 더 정성껏 열심히 논밭을 가꾼다면 분명히 가을에 더 풍성한 수확을 거둘 것입니다. 하지만 봄여름에 남들보다 서너 배 일을 한다고 해도 가을을 앞당길 수는 없습니다."

열만 나면 해열제를 쓰고, 늘 입원 가방을 싸놓고 대기하며 살다가 점점 약이 듣지 않게 되고 항생제 내성으로 더 이상 처방할 약이 없다는 소리를 들은 엄마 아빠가 문득 이건 아닌 듯싶다는 생각으로 폭풍 검색을 해서 우리 카페를 찾아옵니다. 병원을 제 집처럼 들락거리면서, 자연해열을 한 번도 해본 적이 없는 아이에게 엄마 아빠의 용기와 결심만으로 갑자기 약을 끊고 병원 가는 발걸음을 끊으면 아이가 어떨까요?

다른 아이들 치료 후기를 보면 겨우 물수건 한 장 이마에 얹어줬을 뿐인데 하룻저녁에 땀이 저절로 나고 해열이 되었다는 내용이 나옵니다. 그런데 우리 아이는 하루 만에 해열이 안 됩니다. 그러면 불안감에 온갖 방법을 동원합니다. 엄마 아빠의 결심과 노력에도 불구하고 아이는 별로 빠른 반응을 보이지 않고 때론 증상이 더 심해지기도 합니다.

그러면 질문 글이 올라오기 시작합니다. 약만 빼고 뭐든 알려주면 다 하겠다는 내용입니다. 무즙이 좋다더라, 배즙이 좋다더라, 도라

지청은 어디 것이 좋다 등등의 댓글……. 그 모든 것을 열심히 따라 합니다만 아이는 이틀이 지나도 별로 나아진 것 같지 않습니다.

냉정하게 생각해보면 너무나 당연한 일입니다. 화학비료로 농사짓던 땅에 갑자기 무농약 유기농 농사를 짓겠다니 이게 1년 만에 될 일이겠습니까? 당연히 처음에는 수확이 떨어지고 농사에 힘이 더 들겠죠. 늘 약의 도움을 받던 아이의 몸이 어떻게 갑자기 혼자서 모든 문제를 제대로 처리할 수 있겠습니까?

자연육아로 키우는 집 아이들이 하루 만에 나을 일이라면 이제 시작한 아이는 사나흘을 끈 다음에야 열이 내리기도 하고, 또 열이 내린 다음에도 체력 회복에 많은 시간이 걸릴 수 있습니다. 그래서 어떤 엄마 아빠는 중도에 포기하고 다시 병원행을 선택하기도 합니다.

제가 아는 엄마 한 분은 아이가 열이 나고 아플 때 큰 용기를 내어 제가 알려드린 대로 따라 했습니다. 반나절 동안 이마에 물수건을 올려놓고 이불을 덮어주고 팔다리를 주물렀지만 아이의 열은 금방 떨어지지 않았습니다. 결국 하루가 지나기 전에 병원을 찾아갔고 아이는 입원을 했습니다.

퇴원 후 아이가 병원 치료로 많이 지친 것 같다면서 보약을 지어 달라고 찾아왔습니다. 내용을 상세히 물어보니 일주일간 입원했다고 하더군요. 병원에서 온갖 약물 써가며 치료해도 일주일 걸렸는데 엄마는 하루도 못해보고 포기했느냐 물었더니 병원에서는 시간이 걸려도 의사들이 어떻게 해줄 거라는 믿음이 있어 약 먹이고 주사

맞힐 때 아이를 달래는 역할만 하면 되니까 견딜 만했는데 집에서는 아이가 잘못되었을 경우 엄마 혼자 모두 책임져야 한다는 것이 너무 무섭고 부담스러웠다고 했습니다.

왜 무섭고 부담스러웠을까요? 열이 무엇인지, 해열이 무엇인지 몰랐기 때문입니다. 경우에 따라서는 약물 치료가 더 위험할 수 있다는 것을, 시간을 두고 지켜보면 약물 치료가 더 나쁘다는 것을 몰랐기 때문입니다. 그리고 주위들은 온갖 방법을 다 쓰면서 자신의 행동이 가을을 앞당기려는 행동과 같다는 것을 몰랐기 때문입니다.

이런 엄마 아빠들은 그동안 화학비료와 농약으로 농사를 짓다가 이제 막 유기농으로 바꿔보겠다며 결심한 상황에서 몇 해 전부터 이미 유기농으로 농사짓던 이웃집 사람이 하는 대로 따라 하겠다고 나선 것과 같습니다. 그래서 늘 공부부터 먼저 한 뒤에 실천하라는 말을 자주 하게 됩니다.

엄마 아빠가 충분히 공부하지 않은 상태라면 당장은 그냥 원래 하던 대로 병원을 이용하면서 공부부터 할 것을 권합니다. 아무것도 모르고 덤벙대면서 이것저것 해주다 보면 아이만 힘들고 엄마 아빠의 생각도 혼란스러워지고 불안 심리 때문에 집안 분위기까지 불안해져서 면역력도 더 나빠지기 쉽습니다.

그리고 공부를 시작했다면 아이를 믿고 기다려주는 것이 필요합니다. 아이가 가지고 태어난 원초적인 생명력을 믿어야 합니다. 아무리 날씨가 이상해도 때가 되면 계절이 분명히 돌아오는 것을 믿듯이 그렇게 믿어야 합니다.

아무리 힘들어도 아이의 근원적인 생명력을 믿고 아플 때나 아프지 않을 때나 늘 때에 맞춰 살피고 자연의 원리에 맞게 기다려야 합니다.

"믿고, 살피고, 기다리자!"

아픈 것과
아파 보이는 것은 다릅니다

최근 제 진료실로 예약하고 오는 분들이나 이 책을 구매하는 분들이나 상황은 거의 같습니다. 아이가 이미 약물 치료를 많이 했고, 지금도 약물 치료 중이고…… 약은 더 이상 먹이기 싫은데 안 먹이자니 아이가 계속 아프고…….

이런 분들은 온라인에서든 오프라인에서든 원하는 것이 딱 한 가지입니다. 약 안 쓰고, 아니 항생제만이라도 그만 먹이고 빨리 낫는 방법을 찾았으면 하는 거죠. 저의 진료 노하우와 한의학이 문제를 해결해주리라 잔뜩 기대합니다. 여기서부터 벌써 제 가슴이 답답해짐을 느끼고 이 엄마를 어디서부터 어떻게 가르칠까 고민하게 합니다.

여러분이 생각하는 아이의 병명이 아닌 진실한 진단을 먼저 내리고 앞으로 어떻게 해야 할지를 알려드리겠습니다. 여러분 아이들의 진짜 병명은 '자연치유 기능 마비'입니다.

우리는 태어날 때 몸속에 자연치유력이라는 보이지 않는 기능의 씨앗을 품고 태어납니다. 그런데 여러 가지 약물과 과잉 치료 및 검사들이 그 자연치유력의 씨앗이 발아하기도 전에 콱~ 눌러버립니다. 그러니 자연치유력은 싹도 틔워보지 못한 채 한 가지씩 약을 쓰고 백신을 접종하고 치료를 할 때마다 점점 더 무겁고 두꺼운 것에 눌리게 됩니다. 그러다 결국은 마비 상태가 되어버리는 것이죠. 그나마 완전히 손실되지 않은 것이 다행입니다.

 자연치유력을 일깨우는 것, 병을 만나도 좀 더 제대로 대처할 수 있도록 훈련시키는 것, 이것이 바로 자연육아입니다. 아이들은 아픈 것이 아니라 아픈 듯 보이지만 사실은 성장 중의 통과의례를 치르고 있을 뿐입니다. 왜 아픈 듯 보이느냐? 병을 앓으면서 아이들은 병을 이기는 방법을 배우기 때문입니다. 앓는 와중에 자연치유력은 함께 힘을 키워 진짜 병에 걸렸을 때 최선의 모습을 보여줍니다. 자연치유력, 이것이야말로 약을 끊을 수 있느냐 마느냐를 결정하는 기준이 되는 힘입니다.

 지금 약을 쓰고 있으며, 약 없이 혼자서는 병을 이길 수 없고, 약물 범벅으로 진짜 병을 앓고 있는 아이들에게 가장 먼저 치료할 것은 현재의 천식, 비염, 아토피가 아니라 자연치유 기능 마비라는 병입니다.

 무엇이든 치료하고자 할 때는 필요한 조건이 충족되어야 합니다. 돈이 많든, 시간이 많든, 성의가 많든 어느 것이든 한 가지는 가능해야 합니다. 그런데 나는 돈도 없고 시간도 없고 성의도 없다면 치료의 인연이 없는 것이니 제게 조언을 구하면 안 됩니다. 하지만 이 중

한 가지라도 있다면 그것으로 해결됩니다.

돈이 많다면 한의원에서 해독을 받게 하고 자연치유 기능을 일깨울 수 있도록 보약이 되는 것을 먹이세요. 시간이 많다면 아이가 정말 죽을 것 같다고 여겨지기 전까지 무작정 앓도록 가만히 두세요. 성의가 많다면 자연해독력이 있는 물과 바람과 햇빛을 열심히 접촉하게 해주고 발효식을 만들어 먹이세요.

이 세 가지 방법은 모두 자연치유 기능을 일깨우는 진정한 치료법입니다. 돈과 시간, 성의가 다 있다면 세 가지 모두 하세요. 그것이 가장 빠르고 추천할 만한 방법입니다. 그러나 세 가지 중 하나만 있어도 시간의 차이가 있을 뿐, 결과는 똑같습니다. 세 가지 모두 있어서 가장 유리한 상황이라 하더라도 자연치유 기능이 깨어나는 과정은 똑같으니까요.

마비가 깨어날 때는 충격이 필요합니다. 그 충격은 대부분 열로 시작됩니다. 그것도 제법 고열이고, 시간을 끄는 열입니다. 그 정도가 아니면 마비에서 깨어날 수 없습니다.

돈도 시간도 성의도 있으니 쉽게 해결될 것이라 생각한 엄마들이 막상 제가 알려드리는 대로 했을 때 술술 낫지 않고, 조절이 안 되는 열이 오르면 쉽게 좌절하거나 포기할 수 있습니다. 하지만 그 상황에서 '그래, 이제 드디어 깨어나는구나' 하고 기대와 감사를 느낀다면 아이 스스로 자연치유력을 깨워나가는 것을 볼 수 있습니다.

그때는 해열제 없이 아주 사소한 처치를 해주는 것만으로 자연해열이 이루어집니다. 자연해열 3회가 끝나면 자연치유 기능은 마비만 풀린 것이 아니라 기초 공부까지 마친 상태가 됩니다. 기초 공부를 마친 상태라는 것은 앞으로 어떤 병을 만나도 시간이 좀 걸리기는 하겠지만 이길 수 있는 힘이 생겼음을 의미합니다. 세 번의 자연해열을 위한 엄마 아빠의 도우미 역할은 뒤에서 설명하겠습니다.

그다음 과목은 호흡기와 피부 중 하나입니다. 두 과목 모두 훈련 과정이 기다립니다만, 병적인 증상을 보이는 것은 순서가 정해져 있지 않습니다. 이 과목들이 두 번째 과정이 되는 이유는 피부와 호흡기가 태내에서는 발달할 수 없는 것이고 태어난 다음에 익혀야 하는 것이기 때문입니다.

엄마 배 속에서 아기들은 양수라는 물속에 삽니다. 그래서 피부가 공기라는 환경에 적응할 기회가 전혀 없습니다. 또 엄마의 양수는 늘 같은 온습도를 유지하므로 사계절의 변화나 일교차 같은 것을 경험할 수 없습니다. 이런 것에 대한 적응과 조절력은 태어난 다음에 배우는 것이고 스스로 익혀야 하는 것들입니다.

호흡기 역시 마찬가지로 배 속에서는 한 번도 연습할 수 없는 것들이기 때문에 태어난 뒤 훈련을 통해 배워야 합니다.

첫울음으로 처음 호흡을 한 아이들은 모든 경우에 원만히 숨 쉬는 것을 익혀야 합니다. 저절로 코가 막히는 찬 공기 속에서도 숨 쉴 수 있어야 하고, 물속에서는 잠깐 숨을 참고 멈추는 것도 익혀야 하고, 먼지가 많을 때는 기침을 해서 뱉어내는 것도 익혀야 합니다.

자연치유 기능이 마비된 상태에서 지내온 아이들은 겉보기엔 멀쩡하게 자라는 듯해도 생명 유지를 위한 가장 기본적인 능력조차 아직 제대로 갖추지 못한 것입니다. 신생아 때 다 익혔어야 할 숨쉬기와 영유아기에 마스터해야 할 피부 조절력을 모두 갖추지 못한 상태에서 외형상 덩치만 커진 아이들은 기능적으로는 성장 장애 또는 성장 지연 상태입니다.

이 아이들이 뒤늦게 이러한 기본적인 생리 시스템을 제대로 익혀서 회복하려면 관련 질환을 호되게 앓아야 합니다. 지나간 시간의 부족을 한꺼번에 메우려면 그 방법밖에 없습니다.

자연치유 기능의 마비를 깨는 과정을 지켜보면서 반가운 마음을 갖지 못하고 '이건 병이야'라고 생각한다면 저 역시 도와드릴 게 아무것도 없습니다. 여러분이 아이를 병보다 더 무서운 약물내성으로부터 지켜내고자 한다면 자연스러운 과정을 자연스러운 것으로 이해하고 바라보는 것만 잘하시면 됩니다.

올바른 방법으로 도와주는 것도 좋지만, 그보다 더 좋은 것은 방해하지 않는 것입니다. 도와주는 것은 플러스 효과를 내지만 잘못 도와주면 방해가 됩니다. 모를 때는 차라리 아무것도 하지 않으면 됩니다. 방해하지 않고 혼자 두기만 해도 아이들은 결국 자신의 자연치유력을 깨웁니다. 그야말로 타고난 생명력의 힘이고 놀라운 기적 같은 일이죠.

씨앗은 터지고 깨져야 나무가 됩니다

 씨앗이 그 모양 그대로 나무가 되는 일은 세상 어디에서도 일어날 수 없는 일입니다. 우리 아이들은 생명의 씨앗들입니다. 처음부터 다 자란 나무로 태어나는 것이 아니라 그저 작은 씨앗으로 태어나 큰 나무로 자라납니다.

 아이들이 처음 태어났을 때를 생각해보세요. 자그맣고, 뭉뚱그렇게 생겼고, 움직임도 없고……. 씨앗과 조금도 다를 바 없습니다. 아기들을 씨앗으로 보지 않고 있는 그대로 진단한다면 아기들은 1급 장애에 정신박약이라고밖에 진단할 수 없습니다.

 하지만 그렇지 않다는 것을 우리는 알고 있습니다. 날마다 조금씩 더 많이 움직이고, 날마다 조금씩 더 많은 기능을 익힙니다. 겨우 100일이 지났을 뿐인데 눈을 맞추고 옹알이를 하고…….

 어떤 중증 환자가 100일 만에 그만큼 나을 수 있습니까? 겨우 한 돌이 지났을 뿐인데 튼튼하게 일어서고 걷고…… 어떤 마비 환자나 장애인이 그렇듯 빨리 호전을 보일 수 있습니까?

부모들은 그저 날마다 아이가 기적처럼 자라는 모습을 즐거이 구경만 하면 됩니다. 엄마가 옹알이를 가르쳤습니까? 아빠가 이 나는 것을 도와줬습니까? 여러분은 씨앗을 만들기만 했을 뿐입니다. 그 씨앗이 자라는 데 여러분의 입김은 아무 의미가 없습니다. 잘 보호하고 잘 먹이기만 하면 저절로 자라고, 저절로 배우는 것이 아이들입니다.

생명을 품고 태어난 씨앗들은 유전자의 특성에 따라 다른 모양으로 자라납니다. 그러자면 씨앗의 껍질이 터지고 깨져야 정상적인 성장이 가능합니다. 따라서 성장은 곧 터지고 깨지는 과정입니다.

씨앗이 터지지 않고 깨지지 않으면 그 씨앗은 나무로 자라지 못하는, 죽은 씨앗입니다. 씨앗이 터지는 듯한 아픔이 아이들을 열이 나게 하고 기침이 나게 합니다. 아기가 태어나서 한 번도 열이 나지 않았다면, 한 번도 콧물을 흘리거나 기침한 적이 없다면? 그 아이는 더 이상 자라지 않거나, 죽음에 이르는 병에 걸렸다고 봐야 합니다.

씨앗의 한 부분이 터질 때마다, 씨앗의 껍질이 한 겹 벗겨질 때마다 여러분은 아이의 성장을 축하하고 기뻐해야 합니다. 아이가 아프다고 울면 좋은 일이 일어나느라 아픈 거라고 가르쳐줘야 합니다.

그런데 아이가 아프면 그것을 병처럼 취급하여 아이를 환자로 만들어버립니다. 아이가 아프니까 엄마 아빠는 불안해지고 그래서 빨리 병원을 찾아야 마음이 안정됩니다. 환자는 기껏해야 원상 복귀가 목적입니다. 아이들이 더 이상 자라지 않고 원래대로 돌아오면 만족스러움니까? 열만 안 나고 기침만 안 한다면 자라지 않아도 좋겠습니까?

아이들은 병을 앓아서 아픈 것이 아니라 크느라 아픈 증상을 보이는 때가 있습니다. 그래서 안아키에서는 아이들이 아픈 것을 '몸공부'라고 부릅니다.

실제로 아픈 아이들도 있습니다. 내 아이가 아픈지 아니면 성장통을 겪고 있는지 구분하려면 성장이 유지되는지 멈추었는지만 확인하면 됩니다. 한 달 전보다 몸무게가 늘고 키가 자랐다면 지금 아픈 것은 성장통입니다. 3개월 전과 비교해서 몸무게가 늘지 않거나 키가 자라지 않았다면 병이 든 것입니다. 6개월 전과 비교했을 때 몸무게가 늘어나지 않거나 줄었다면 중증입니다. 이를 기준으로 정확한 판단을 한 다음에 의료 기관을 찾아갈 것인지 말 것인지를 결정해야 합니다.

실제로 아픈 아이들은 씨앗 속에 들어 있는 생명력을 엄마 아빠가 훼손한 경우입니다. 엄마 아빠가 성장통을 몰라 환자 취급하는 바람에 약 먹고 치료받으면서 병이 확정된 것입니다. 약 때문에 병들고, 안전하지 못한 백신 접종 때문에 병들고, 그러면서도 생명을 이어가며 끈질기게 자라는 아기들을 보면 기적이 따로 없다는 생각이 듭니다.

여러분이 걱정스러운 표정으로 진료실에 안고 들어오는 그 아기들이 제 눈에는 엄청난 생명력을 가진 존재들로 보입니다. '어른들의 잘못된 지식과 판단으로 그토록 괴롭힘을 당하면서도 자라고 있다니 정말 에너지 넘치는 씨앗이구나' 하는 생각이 듭니다.

엄마 아빠 여러분, 부디 시각을 바꾸기를 바랍니다. 이 책에서 알려드리는 사소한 가정요법들은 성장통을 조금이나마 위로하기 위해, 휴식하라고 알려드리는 것일 뿐 치료를 목적으로 하는 것들이 아닙니다.

아이의 성장 과정을 제대로 이해하는 엄마 아빠라면 아이가 열이 났을 때 해열하려고 애쓰지 않습니다. 열이 나면 이번에는 또 무슨 몸공부를 할까 하는 기대감으로 바라만 봅니다. 그리고 저절로 열이 떨어질 때까지 체력이 감당할 수 있도록 도와줍니다. 부모라면 당연히 아이의 공부를 도와야지 방해하면 되겠습니까?

이런 시각만 유지한다면 여러분은 행복하고 편안한 육아를 할 수 있게 됩니다. 그리고 마인드를 바꾸는 바로 그 순간, 여러분은 아이의 성장을 방해하지 않는 좋은 엄마 아빠가 됩니다.

그래도 아직 불안한 분들은 열린 마음으로 다음 글들을 읽으면서 조금씩 더 이해할 수 있기를 고대합니다.

아이들에게 알레르기와 아토피가 많은 진짜 이유

세상을 살다 보면 우리는 역지사지(易地思之)라는 말을 듣습니다. 상대방의 입장이 되어 생각해보라는 말이죠.

저는 첫째가 태어나기 전에 역지사지를 해보았습니다. 누구나 그렇듯이 출산을 처음 경험하는 초보 엄마들은 두려움과 불안이 있게 마련이죠. 얼마나 아플까, 얼마나 오랫동안 견뎌야 할까, 내가 견딜 수 있을까 등등 온갖 불안과 두려움이 엄습합니다.

저 역시 마찬가지로 그랬습니다.

출산이 임박한 어느 날, 저는 출산 과정에서 제가 아닌 아이가 어떨지를 상상해보았습니다. 모든 것이 평온하고, 따스하고, 애쓰지 않아도 되는 파라다이스에서 배고픔도 없이 그 세상의 주인으로 잘 지내다가 어느 날 갑자기 한 번도 겪어보지 못한 대지진 같은 상황이 벌어지겠죠?

그러고는 물고기에게 물과 같은 양수가 갑자기 줄어들기 시작합니다. 순간순간 강하게 죄어오는 진통 때문에 한 번도 느껴본 적 없는 압박감이 온몸을 죄는 느낌. 그리고 드디어 어딘가에 이른 것 같다고 느꼈을 때, 바로 그때부터 두개골을 옥죄며 손오공의 머리띠처럼 두통을 일으키는 시간이 결코 짧지 않죠.

세상이 무너지는 불안함 속에 온몸이 고통으로 뒤덮이고 그나마 배 속에서 유일하게 들었던 엄마의 따뜻한 목소리는 들리지도 않고 누군가의 비명만 소름 끼치게 들린다면?

엄마 아빠는 아기가 태어나는 순간을 행복하게, 기쁘게 기다리지만 정작 태어나는 아기는 무슨 상황인지 알지도 못한 채 두려움과 고통으로 출산을 맞고 있을 것이라는 생각이 들었습니다.

이런 상상을 하자 정신이 번쩍 들었습니다. 출산 과정에서의 고통을 염려했는데 가만 생각하니 나만의 문제가 아닌 듯했습니다. 그래서 이 책 저 책 마구 뒤진 끝에 출생 스트레스라는 것을 확인하게 되었습니다. 교회에서 말하는 인간의 원죄처럼 정신과에서 다루는 인간의 근원적인 불안감으로 출생 스트레스가 있다는 것을 말이죠.

인간이라면 누구나 갖고 있는 출생 스트레스는 얼마나 빨리 심리적 안정을 주느냐가 악영향의 정도를 결정하는 관건이며, 그 고통을 비교했을 때 엄마가 느끼는 분만의 최소 5배에서 그 이상이라는 추정치를 보게 되었습니다.

정신심리학에서는 출생 스트레스야말로 인간이 느끼는 최초의 가장 강한 스트레스라고 한답니다. 또 출생 스트레스의 해소 여부가 평생을 살아가는 동안 다양한 형태로 변화하면서 여러 가지 영향을 미친다고 합니다.

  저는 분만에 대한 고민을 접고 어떻게 하면 아이를 빨리 안정되게 해줄 수 있을까 고민하기 시작했습니다. 사랑하는 아기가 기쁨보다는 고통의 길을 건너 제게로 와야 한다는 게 무척 안타까웠지만 제왕절개도 해결책이 될 수는 없었습니다. 왜냐하면 그처럼 쉽게, 빨리, 고통 없이 이 세상을 만나면 그다음 적응기에 더 위험한 상황이 이어지기 때문입니다.

  아기들은 태어나기 전까지 엄마 배 속의 양수에서 물고기처럼 삽니다. 막달이 되면 대부분의 모양과 기능이 완성되고 태어날 준비를 합니다. 양수를 마시고, 태뇨를 보고, 팔다리를 움직이고, 눈을 껌뻑이기도 합니다.

  대부분의 기능을 충분히 연습하고 출생의 순간을 맞지만 딱 두 가지만은 전혀 시동조차 걸지 못하고 태어나게 됩니다. 그 두 가지가 바로 폐호흡과 피부입니다. 폐는 양수 속에서는 공기가 없기 때문에 연습을 할 수 없습니다. 그리고 피부는 물속에 있기 때문에 물고기 피부와 유사한 상태여야만 살 수 있습니다.

  아기가 첫울음을 울면 그때부터 폐호흡은 한 번의 연습도 없이 작동하기 시작합니다. 첫 호흡을 하게 되면 폐가 따갑다고 합니다. 늘 촉촉한 물만 접촉하던 폐에 갑자기 바싹 마른 공기가 닿으니 당연히 따갑겠죠. 그래서 첫 호흡은 울음으로 시작하나 봅니다.

  피부는 완전 180도 다른 환경을 만나게 됩니다. 물고기를 물속이 아닌 육지에 던져둔다면 호흡 때문에도 힘들지만 피부도 바싹 말라서 따갑고 아플 것입니다. 그리고 얼마 가지 않아 피부의 습기가 말라버리면 죽겠죠.

하지만 인간의 아기들은 태어날 때부터 변화를 감지하여 준비하고 태어나기 때문에 다소 힘들게 느껴지겠지만 빠른 변화로 이내 적응하기 시작합니다. 이렇게 태어난 아기들이 이 세상에 제대로 적응하기 위해서는 기본적인 생리 현상 유지에 필요한 기능과 구조를 갖추는 것이 가장 먼저 해야 할 일일 것입니다.

엄마 배 속과 이 세상 사이에는 또 한 가지 매우 중요한 차이가 있습니다. 그것은 공기 속의 세균들입니다. 완전 무균 상태에서 온전히 보호만 받고 있다가 이 세상에 나오니 이상한 것들이 달려들어 접촉을 시도합니다. 얼마나 괴롭고 귀찮고 난감할지 이해되고도 남습니다. 극심한 고통이 끝나고 겨우 압박에서 풀리는가 했더니 호흡도 안정되지 않은 상태에서 피부는 마르고 땅기고, 온몸이 이상한데 온갖 희한한 것들까지 파리 떼처럼 달려들어 괴롭히니 말입니다.

분만 경험이 있는 엄마들은 다시 한 번 생각해보세요. 자신의 몸이니 잘 알 것입니다. 질의 길이가 얼마나 길기에 아기가 자궁문이 열렸다는 소리를 듣고도 그렇게 오래 진통을 끌다가 나오는 것일까요? 평소에도 그리 길지 않은 질이지만 만삭 상태에서는 양수의 무게에 눌려 질은 더욱 짧아집니다.

그런데 몇 센티미터 남짓 되는 그 거리를 나오지 못해 몇 시간 이상 아기가 씨름하며 그 자리에 머물러 있는 것일까요? 그 시간은 이 세상에 나오려는 아기에게 엄마의 몸이 배 속에서의 마지막 선물로 갑옷을 입히고, 안전할 수 있도록 무장을 시켜 내보내려는 작업을 하기 때문입니다. 그 시간에 바로 미생물 분양과 면역 물질 코팅이 이루어지기 때문입니다.

미생물 분양과 면역 물질 코팅 시간을 갖지 못하고 제왕절개로 태어나면 그때부터 아기는 힘겹게 살아갈 가능성이 높습니다. 자신을 지켜줄 무장을 전혀 하지 않은 까닭에 태어나자마자 병에 걸릴 확률이 매우 높아지는 것이죠.

이런 정황을 생각하니 제왕절개도 답은 아니라는 생각이 들었습니다. 그리고 무조건 아기와 진지하고 깊이 있는 태담을 나누면서 함께 잘해보자고 안심시키는 것밖엔 할 일이 없음을 깨달았습니다. 또 분만의 시간, 출생의 시간이 왔을 때 고통에 찬 엄마의 비명 소리를 들려주고 싶지 않다는 생각을 했습니다. 엄마의 비명 소리는 아기를 더욱 불안하게 만들 것이라고 생각되었으니까요.

그래서 진통의 순간에 저는 온 마음을 모아 집중하면서 텔레파시는 통한다는 믿음 하나로 아기와 대화했습니다. 엄밀히 말하면 대화가 아니라 격려와 응원의 메시지를 일방적으로 계속 보낸 것이죠. 그 마음이 너무 절실하고 바빠서 아기에게 응원을 보내느라 집중하는 통에 실제 그 순간이 되었을 때는 비명 한 번 지르지 못했습니다.

그리고 출생 직후 이루어지는 여러 가지 처치에 대해 저는 미리 병원 측에 하지 말아달라고 부탁했습니다. 태어나자마자 백신을 접종한다며 주삿바늘로 찌르는 행위, 선천성 대사이상 검사를 한다며 혈관도 찾지 못하는 아기들의 발바닥을 찔러 채혈하는 행위, 면역물질을 비누로 깔끔하게 지워버리는 출생 직후의 목욕, 임질도 없는 엄마의 배 속에서 태어났음에도 불구하고 감염 가능성이라는 말로 눈을 소독한다며 질산은염 용액을 눈에 넣어 씻는 행위 같은 것들이 아기에게는 모두 고통만 더하는 일이 될 것 같았습니다.

그리고 일반 미생물이 아닌 병원균이 가장 많은 곳이 병원인데 그곳에서 오래 있어야 한다는 것 자체가 호흡과 피부가 충분히 적응하지 못한 아기에게는 가장 위협적인 상황이라고 생각했습니다. 그래서 아무것도 하지 말라고 부탁하고 출산 후 만 하루가 채 되지 않아 집으로 돌아왔습니다.

막상 젖을 물리고, 조금은 안정된 듯한 아이를 보면서 생각해보니 제왕절개를 했다면 전신마취로 온몸에 마취약이 퍼졌을 것이고, 젖은 당연히 독한 마취 약물로 오염되었을 것이고…… 그러면 안심하고 아기에게 젖을 물릴 수 없었을 것이라는 생각이 들었습니다. 병원에서 아무 처치도 하지 않고 돌아온 것은 정말 다행스러운 일이었다는 안도감이 뒤늦게 찾아왔습니다.

우리나라의 전통적인 산후 조리는 삼칠일 동안 외부인의 출입을 금하고 아기와 산모를 보호하는 방식입니다. 아직 호흡도 피부도 안정되지 못한 상태이므로 사소한 변화에도 조심해야 한다는 의미겠죠. 게다가 병원균이 아니어도 이질감이 큰 미생물과의 접촉은 위험할 수 있다고 생각됩니다. 어른들에게는 위험하지 않은 매운 음식이나 술이 아기들에게는 위험하듯 말이죠.

그런데 지금의 우리는 어떤가요? 병원균이 가장 많은, 심지어 그 무섭다는 항생제 내성균인 슈퍼박테리아까지 가장 많이 서식한다는 병원에서 아기를 낳고 삼칠일은커녕 열흘도 지나기 전에 스스로 집을 나가서 제일 먼저 방문하는 곳이 병원이니 말입니다. 출생 스트레스가 채 가라앉지도 않은 아기를 데리고 출입을 시작해서 6개월이 채 되기 전에 무려 20회 이상의 주사를 맞힌 결과, 대부분의 아기들이 출생 스트레스에 추가로 병원 스트레스 또는 주사 스트레스까지 받게 됩니다.

요즘 아이들을 보면 가장 발병 빈도가 높은 것이 알레르기, 아토피, 비염, 천식 이 네 가지입니다. 가만 보니 모두 호흡기와 피부에 발생한 병이네요. 그렇다면 출생 직후 얼마 동안의 시간이 이 네 가지 병과 무관하다고 할 수 있을까요? 혹 요즘 아기들은 출생 직후 폐호흡과 피부 변화에 에너지를 집중해야 할 시간에 여러 가지 방해를 받고 있는 것은 아닐까요? 혹시 현대의 산후 조리와 신생아 관리가 잘못된 것은 아닐까요? 신생아 시기에 물고기에서 육지 동물로 확실히 적응한 것이 맞을까요? 이 네 가지 다빈도 질환이 보여주는 의미가 혹 미적응이나 부적응은 아닐까요?

아픈 아이를 보며
죄책감에 시달리는 엄마들에게

 이 세상에서 엄마는 두 종류밖에 없습니다. 좋은 엄마와 더 좋은 엄마 이렇게 말입니다.
 우리가 아이 키우면서 가장 두려워하는 것이 아이가 죽는 것이죠? 그렇다면 단순하게 생각해서 죽는 것은 나쁜 것, 사는 것은 좋은 것입니다. 살아 있는 우리 기준으로 볼 때 말이죠. 아이를 낳아 생명을 주었으니 그것만으로도 좋은 엄마입니다. 그리고 알거나 모르거나 어떻게든 잘하려고 애쓰면서 키웁니다. 그러니 또 좋은 엄마입니다. 부작용을 모르고 백신을 맞혔든, 해열제를 먹였든 모두 아이를 위해서 한 일이잖아요. 그러니 좋은 엄마입니다.
 그러면 더 좋은 엄마는 누구일까요? 더 좋은 엄마가 되려고 노력하는 순간부터 더 좋은 엄마입니다.
 엄마들을 만나보면 자책이 참 심합니다. 저는 처음 글을 보면서 우리 카페 엄마들은 왜 이렇게 불안해할까 싶었습니다. 문제는 근원적인 죄책감, 자책감이었습니다. 내가 잘 모르면서 부적절한 상황에서 백신을 맞히고, 내가 몰라서 해열제를 과도하게 먹이고, 내가 아기 피부를 이해하지 못해서 로션을 발라 아이를 더 힘들게 했다는 생각들 말입니다. 그런 죄책감 때문에 엄마들이 자신도 모르게 위축되는 것이죠.

하지만 그럴 필요는 없습니다. 여러분은 세상의 모든 좋은 엄마를 넘어서서 이미 더 좋은 엄마가 되고 있는 사람들입니다. 모르고 한 모든 행동들도 다 아이를 위해서 한 것이었기 때문에, 엄마 노릇 처음이라 시행착오는 당연한 것이기 때문에 죄책감은 터무니없는 것입니다.

시행착오조차 겪지 않고 어떻게 나아질 수 있습니까. 중요한 것은 착오였다고 판단되는 것들을 잘 기억하고 똑같은 실수를 반복하지 않으려고 노력하는 것입니다. 그러면 일등 엄마가 될 거예요.

더 좋은 엄마가 된 여러분에게 일등 엄마의 길을 가는 데 좀 더 돕고 싶은 마음으로 조언 한마디만 드릴게요. 아이들은 다섯 살이 될 때까지 심리적 탯줄이 끊어지지 않는다고 합니다. 그 때문에 엄마들이 죄책감을 느끼고 불안해하면 아이들에게는 그것 자체가 가장 나쁜 심리적 환경이 됩니다.

심리적 환경이 나빠지면 면역계가 약화되는 것 아시죠? 스트레스만큼 면역에 나쁜 것은 없으니까요. 그러므로 나는 세상에서 '더 좋은 엄마' 반열에 든 사람이다 생각하면서 당당하고 자신감 있게 아이들을 보세요. 여러분의 아이들도 자라서 엄마 아빠가 될 것입니다. 그 아이들이 행복한 엄마 아빠가 되길 바라죠? 지금 여러분이 바로 아이들의 롤모델입니다.

어느 날 한의원에서 어떤 엄마와 대화를 나눴습니다. 아이 둘을 키우는 엄마인데, 아이들이 자주 아프면서 불안해하더군요. 아주 극도로 조용하지 않으면 잠도 푹 자지 못하고 자주 깬다고 합니다.

그래서 제가 아이들 얘기는 그만두고 엄마 얘기 좀 해보라고 했습니다. 자랄 때 가정적으로 환경이 나빴느냐, 왜 그렇게 불안해하느냐 물었습니다.

그랬더니 자기 사촌 중 두 사람이 멀쩡하게 잘 자라서 20대가 되었을 때 갑자기 자다가 그냥 죽어버린 일이 있었답니다. 게다가 엎친 데 덮친 격으로 시댁에도 그런 일이 한 번 있었다네요. 그 일로 자기는 심각한 트라우마를 겪는 것 같다면서 아이들을 보면 늘 불안 불안하다고 했습니다.

자, 여러분이라면 어떻겠어요? 공감은 확~ 되시죠? 하지만 공감한다고 끝나는 일이 아닙니다. 이런 부정적 트라우마에 갇혀 아이를 키우면 좋은 결과가 나올 수 없습니다. 왜냐하면 엄마가 가장 강하게 풍기는 에너지가 부정적 에너지니까요.

아이들은 엄마에게 보물입니다. 보물을 사랑해야 하는데 보물을 훔쳐갈까 봐 불안해한다면 그것이 보물일까요? 아이를 낳으면서부터 이 엄마는 재앙의 근원을 두 개 가진 사람이 되어버렸습니다. 차라리 없었더라면 불안하지 않고 좋았을 보물이니 재앙인 셈이죠. 여러분이 아이들을 불안한 마음으로 볼 때 아이들은 보물에서 재앙으로 변합니다.

 어떤 마음으로 아이를 보느냐에 따라 내 아이가 보물일 수도 재앙일 수도 있다는 사실은 힘들지만 인정해야 합니다. 아이들이 불안의 근원이라면 여러분이 이미 낳은 아이들은 어쩔 수 없지만 앞으로 아이를 더 낳거나, 내 아이들이 자라서 엄마 아빠가 되는 것을 반대해야죠.

 아이를 낳은 것이 행복한 일이라고 생각한다면 불안한 마음으로 아이들을 보지 마세요. 늘 감사한 마음으로 바라보세요. 신의 선물이니 무릎 꿇고 받아야 한다는 말을 기억하세요.

 저는 임신했을 때 매번 임신 중 태아 상태에 관한 각종 검사를 거의 하지 않았습니다. 특히 막내 때는 노산이라 해서 더 많은 검사를 요구받았지만 아무것도 하지 않았습니다. 이유는 '검사를 받았는데 이상 있으면 어쩌라고? 유산하라고?'였습니다.

 신이 주신 선물의 수명이 얼마짜리인지 제가 어떻게 압니까. 하루짜리면 안 받고, 1년짜리도 안 받고, 기본 80년은 되어야 받겠다고 신과 협상할 마음은 조금도 없었습니다.

 선물은 거래가 아닌데 무슨 협상입니까. 받거나 안 받거나 둘 중 하나죠. 저는 어떤 것이든 기꺼이 받겠다고 감사하며 받았습니다. 똑똑하고 건강해야 신의 선물입니까? 그럼 장애아를 자식으로 둔 엄마들은 선물을 잘못 받은 겁니까?

선물의 가치는 엄마의 행복에 있습니다. 장애아라도 엄마가 귀한 내 자식이라 느끼면 큰 선물이고, 멀쩡한 자식도 엄마가 원수라고 느끼면 선물을 가장한 재앙이죠.

태어나자마자 죽는 아이들도 있습니다. 내 아이가 만약 그랬다면 저는 아마 이렇게 생각할 겁니다.

'아, 네가 엄마 얼굴 한 번 보려고 이 세상에 태어났구나. 별것도 아닌 내 얼굴 한 번 보겠다고 그 긴 시간 동안 기다렸다가 어렵게 태어나서 금방 갔으니 세상에 이런 영광이 어디 있을까? 네가 아닌 그 누구도 엄마 얼굴 한 번 보려고 열 달을 기다리며 그렇게 고통스러운 길을 지나서 오진 않았을 거야'라고 말입니다.

마음이 슬프겠지만 슬픔만은 아닐 것입니다. 실제로 저는 임신 중에 이런 상상을 하곤 했습니다. 그 덕분에 임신 중에도 불안하진 않았습니다. 불행한 상상을 해도 불행하지만은 않았습니다.

이 세상에 태어나서 가장 영광스러운 존재감은 제가 엄마라는 사실입니다. 그러니 제 아이들은 신의 선물이 틀림없습니다. 그리고 저는 지금도 반성하고 노력하기 때문에 더 좋은 엄마 중 한 사람이 맞습니다.

여러분 역시 저와 다르지 않다고 생각합니다. 신의 선물을 받았고, 그 선물을 잘 키우기 위해 이런 책도 읽으며 열심히 반성도 하고 또 노력도 하고 있으니 더 좋은 엄마가 틀림없다고 생각합니다.

제2장

부모가 최고의 의사다

아이가 열이 나면 무섭고 두려운가요?

　아이가 열이 나면 엄마들은 이게 무슨 병의 시작이 아닐까 싶어 고민합니다. 열경기일까, 폐렴일까, 가와사키병일까, 뇌수막염일까 아니면 자신이 모르는 무서운 병일까 등등 온갖 겁나는 상상을 많이 합니다. 엄마들이 아는 병의 범위 안에서 대책이 안 서는 병들만 생각하는 거죠. 그리고 답을 내리지 못하기 때문에 두려운 나머지 병원을 찾아가는 것입니다.

　엄마들 머릿속에서 떠올리는 아이의 열은 모든 병의 시작인 듯합니다. 물론 제가 볼 때는 모든 병의 시작일 수도 있고 병과는 전혀 무관한 것일 수도 있습니다만, 소아 질환의 대부분이 열로 시작한다는 것은 인정합니다.

　그러니 엄밀히 말하면 엄마들은 열을 무서워한다기보다는 열이 나면 나쁜 상상력이 무한정 발휘되기 때문에 두려워지는 것이라고 봐야겠죠. 게다가 책임감까지 한몫하죠. 내가 무식해서 잘못 관리하거나 늦게 병원에 데려가서 우리 아이에게 큰 탈이 생기면 어쩌나

하고 말입니다.

저는 의사여서 대부분의 엄마들보다 의료 지식이 많습니다. 그러다 보니 정말 무섭고 나쁜 병들도 많이 압니다.

저는 아이의 안색이 나쁘고 아파 보여 아이를 진찰해야 할 때 얼굴이 붉다든지 열이 나는 증상이 보이면 겁 없이 진찰하고 조치를 취하지만 열이 없어 보이면, 게다가 아이가 잠들어 움직이지 않고 눈이라도 감고 있으면 아이를 진찰하기 위해 만지는 것조차 겁이 났더랬습니다. 열이 나는 병은 뻔해서 치료하면서도 겁이 안 나지만 만졌을 때 싸늘하면 제가 기절이라도 할 것 같아서 말이에요. 싸늘하면 일단 죽은 것 아닌가 하는 가장 공포스러운 생각을 먼저 하겠죠? 그게 아니라 하더라도 아이의 몸이 싸늘하면 흔한 병 중에서 머릿속에 떠오르는 것이 없어집니다.

그러면 어떤 기분일 것 같을까요? 몸이 싸늘한 경우에 가능한 모든 병을 떠올리게 됩니다. 기절, 심각한 체증, 질식, 중독, 마비 등등…… 분초를 다투는 응급 상황입니다.

몸에 열이 난다는 것은 어떤 이유로든 스스로 해결하려는 의지와 기능이 작동한다는 뜻입니다. 그러니 도와주든 대신해주든 해결 방법이 있다는 것이죠. 하지만 반대로 몸이 싸늘하다는 것은 어떤 식으로든 응급 상태이며 외부의 도움으로 해결하는 데 때가 늦었거나 못할 가능성도 있다는 의미가 됩니다.

그러니 열이 무서울까요, 싸늘한 것이 더 무서울까요? 일단 열이 싸늘한 것보다 급한 증상이거나 무서운 병은 아니라는 것부터 이해하고 열의 의미를 또 한 번 따져보도록 하죠.

병에는 소아병과 성인병이 따로 있습니다. 근원적인 구조와 생리 시스템의 차이에서 오는 것입니다. 아이들의 병은 대부분 기능 부족이나 시스템 발달의 미완으로 인한 것입니다. 한 가지 덧붙이자면 면역 기능의 미완으로 인한 잦은 감염이 있습니다. 그에 비해 성인병은 시스템은 다 만들어져 있지만 에너지 부족이나 관리 부실로 인한 것이 많습니다. 이를 순환기 질환 또는 대사성 질환이라고 부릅니다.

물론 더 많은 병들이 있지만 기본적으로는 이렇게 시작합니다. 이후 발전되는 다양한 양상은 대부분 약물의 오남용 또는 약물 중독으로 인한 증상인 경우가 더 많기 때문에 이쯤에서 생략합니다.

아이들의 병은 대개 열로 시작합니다. 여러분이 잘 알고 두려워하는 폐렴부터 뇌수막염 그리고 요즘은 거의 없어진 소아마비까지 모두 열로 시작합니다.

아이가 열이 나는데 나는 무슨 병에 걸렸는지 몰라 덜컥 겁이 난다면 일단 제가 간단한 해열법 파트에서 알려드리는 대로 하세요. 엄마가 의사도 아닌데 왜 진단을 하려 합니까? 그냥 몰라도 됩니다.

열은 아이 스스로 무언가를 하고 있는 것이기 때문에 무엇을 하는지만 살펴보면 됩니다. 엄마가 판단할 내용은 아이 스스로 과제를 마칠 수 있는지 아니면 힘이 달려서 못하는지만 판단하면 됩니다.

뭘 하는지 모르겠지만 열이 나는데도 혼자 잘 먹고 잘 놀고 잘 싸고 일상생활에 별 무리가 없다면 뭘 하고 있든 신경 끄면 됩니다.

열이 나는데 아이가 축 처져서 점점 더 힘들어 하거나 밥을 먹기 싫어하고 대소변에 이상이 보인다면 너무 어려운 과제를 받아서 몸이 공부를 제대로 못하고 있는 겁니다. 그때는 엄마가 나서서 도와주어야겠죠?

도와주기는 하지만 공부란 대신해줄 수 없는 것이죠. 그러니 오래 공부해도 지치지 않도록, 공부하다 쓰러지거나 장애가 생기지 않도록 조치해주는 것이 가장 잘 돕는 것입니다. 그 방법은 머리를 차게 해주고, 탈수를 방지하기 위해 물을 마시게 하고, 열심히 공부해서 더 빨리 과제를 마치라고 열이 더 쉽게 날 수 있도록 몸을 따뜻하게 해주는 것입니다.

결과적으로 아이가 스스로 열을 이겨내면 그때 공부를 마친 겁니다. 엄마가 대신 공부하는 것도 아닌데 무슨 이유로 열이 나는지를 알려고 할 필요가 없습니다. 뇌수막염 공부를 하는지, 폐렴 공부를 하는지 몰라도 됩니다. 중요한 것은 아이 스스로 과제를 완수하는 것이죠.

의료적으로 말씀드리면 열로 시작하는 병은 열만 해결되면 다 낫게 됩니다. 제가 늘 강조하는 말이지만 '열은 내리는 것이 아니라 내릴 때까지 기다리는 것이다' 이 점을 명심하면 좋습니다.

엄마들이 대신 공부해줄 것처럼 나서서 해열제로 열을 강제로 내리려 할 때는 몸공부도 안 되고 시스템은 엉망이 됩니다. 대신 시험 쳐줄 것도 아니면서 엄마가 아이 공부를 망치는 꼴입니다. 공부할 때는 잔뜩 방해해놓고 나중에 가서는 왜 공부를 못하냐고 하면 되겠습니까?

우리 애는 몸공부를 못해요, 라는 말을 엄마들은 이렇게 합니다.

"우리 애는 늘 기관지가 나빠요."

"우리 애는 감기만 유행하면 유행은 다 따라 해요."

꼭 기억하세요, 아이가 몸이 둔해서 몸공부를 못하는 것이 아니라 엄마가 몸공부를 방해하는 겁니다. 열은 싸늘함보다 무섭지 않은 것이고, 열이 난다는 것은 지금 아이가 몸공부를 하고 있는 중이라는 뜻입니다.

의료의 덫,
검사 결과와 수치

가끔 진료실에 오신 분들에게 저는 이렇게 물어봅니다.

"여기가 진료하기 힘들 정도로 더러워 보이나요?"

"아니요. 그냥 보통으로 보이네요."

"그럼 이 방을 온갖 정밀 기계로 조사하면 집먼지진드기 한 마리 이상 또는 병원균 몇 종류를 발견할 수 있을까요 없을까요?"

"그거야 정밀 조사를 한다면 당연히 있겠죠."

"당연히 있겠죠, 라고 말하긴 해도 막상 조사해서 사진으로 확대해 보여준다면 기분이 어떨 것 같으세요?"

"여기 있기가 찝찝하거나 불편해서 나가고 싶을 것 같아요."

대부분 이렇습니다. 바로 눈에 보이는 것의 함정입니다. 많은 사람들이 그런 것을 보면 이렇게 반응합니다.

"어머나, 이런 게 있었다니 끔찍해요. 빨리 해결할 수 없나요?"

냉정하게 말해서 그런 것을 눈앞에 내밀면서 보여주면 이렇게 반응해야 하지 않을까요?

"이런 게 얼마나 많이 있나요? 몇 퍼센트를 차지하나요? 그 영향은 어느 정도인가요? 나머지는 어떤 것들로 가득한가요? 이런 것이 전혀 없는 곳도 있나요?"라고 말입니다.

아무리 눈에 보이지 않는 작은 것이라 해도 아주 많으면 덩어리져서 보입니다. 눈에 보이지 않는 것이라는 전제 자체가 극미량이라는 이야기이고, 극미량이라면 우리가 일상생활에서 병을 염려하지 않을 정도로 지낼 수 있어야 합니다. 제가 무슨 말을 하고 싶은지 아시겠습니까?

여러분은 병원에서 검사를 통해 이런 경우를 자주 맞닥뜨릴 것입니다. 0.001%에 해당되는 것을 단지 눈에 보이게 만들었다는 이유로 겁먹는다면 이 세상을 어떻게 살아갈 수 있을까요?

검사에 관해서는 이것 말고도 할 말이 무척 많습니다. 대표적인 것으로 혈액 검사를 생각해보죠. 혈액 검사에서 빈혈이 나왔다는 이야기를 꽤 자주 듣습니다. 그래서 철분 보충이 필요하다, 칼슘 보충이 필요하다 하고 말하는데 생명과 연관해서 볼 때 이보다 더 중요한 것은 혈액의 양입니다.

그런데 혈액의 양은 피 한 방울 뽑아서는 결코 알 수 없습니다. 한 방울이든 한 대롱이든 피를 검사하면 적혈구·백혈구·혈청 등의 조성 비율은 알 수 있지만 몸 안에 든 혈액량은 알 수 없습니다.

사고가 나서 피를 흘리면 혈액량이 줄어들어 생명에 위협이 되기 때문에 수혈을 논하게 됩니다. 당장 급한 것이 혈액의 양인데, 이것은 우리 몸속의 혈액을 다 뽑아서 무게를 달기 전까지는 알 수 없습니다. 생명에 더 중요한 조건이 되는 혈액량을 검사하는 방법은 없으면서 혈액 조성만으로 빈혈을 논한다는 것이 검사의 부족을 단적으로 드러내 보여주는 예입니다.

하지만 사고가 나서 출혈이 많아지면 굳이 검사하지 않아도 누구나 혈액량이 부족해져서 위급한 상황임을 알 수 있습니다. 큰 것은 보여주지 않아도 안다는 뜻입니다.

그런데 잦은 현기증을 느끼는 창백한 사람이 병원에 가서 혈액 검사를 하면 빈혈이 아니라는 결과가 자주 나옵니다. 왜냐하면 그 사람은 피를 만드는 조혈 기능에는 이상이 없고 피를 만들어내는 생산력, 즉 조혈력에 문제가 있는 사람이지만 병원에서 검사하는 것은 조혈 기능뿐입니다.

위내시경 검사도 많이들 하죠? 평소 위염이나 위궤양이 있다면 속쓰림이나 기타 증상으로 내시경을 하지 않고도 알 수 있습니다. 그러나 굳이 확인하겠다면 내시경을 통해 확인할 수 있습니다.

하지만 염증이나 궤양이 없으면서 단순히 소화력이 떨어져 생기는 만성 소화 장애나 체증의 경우 사진으로 무엇을 찾을 수 있습니까? 가만히 있을 때는 이상을 확인할 수 없고, 음식물이 위에 들어가면 움직임이 둔하고 위장 주변 근육에 이상긴장(異常緊張)이 생기고 그로 인해 복통이 생기는 것인데 위내시경은 속을 다 비운 다음에 시행하는 것이므로 음식물을 처리하는 과정에서 생기는 병변을 확인할 수 없습니다.

그런데 위내시경을 해서 아무것도 발견하지 못하면 사람들은 이렇게 말합니다.

"내시경에도 나타난 게 없으니 얼마나 더 큰 병인지 다른 검사를 더 받아봐야 할 것 같습니다."

문진(問診)만 세심하게 해봐도 충분히 알 수 있는 것을, 문진은 하지도 않고 각종 정밀 검사로 이상한 것들만 찾아내거나 상상하게 하는 일이 과연 상식적인 것입니까?

30대 때 주변의 혈우병 친구를 치료 차원에서 도와주려고 한 적이 있습니다. 혈액응고인자 수치를 정기적으로 점검해서 현재 상태를 체크하고 관리하는 것이 그 친구의 일상 스케줄이었습니다.

그래서 일반인의 경우 그 응고인자가 어느 정도의 범위에서 변하는지 알아보았는데 당황스럽게도 일반인의 경우엔 변화 데이터가 없었습니다. 이유인즉슨 혈우병은 출혈을 통한 증상으로, 어렸을 때 이미 확인되고 검사를 통해 지속적으로 관리되기 때문에 잘 알려져 있지만 증상이 나타나지 않는 일반인들은 혈액 검사에서 응고인자 검사를 하지 않기 때문에 없다는 것이었습니다.

모든 치료는 정상 수치라는 것을 기준으로 하는데 유전 질환이라는 이유로 치료는 아예 고려되고 있지 않다는 것을 단적으로 보여주는 예라고 생각되었습니다. 그래서 그 친구에게 나도 너처럼 정기적으로 응고인자를 검사하겠다고 말한 뒤 많은 경우는 아니라 하더라도 일반인의 수치 변화 데이터는 의미가 있을 것으로 기대하고 검사했습니다.

응고인자를 지정해서 혈액 검사를 의뢰했는데 결과는 황당하게도 제게 혈우병 인자가 있다는 것이었습니다. 30년 동안 아무 증상 없이 잘 살아왔고 당시 제게는 세 명의 아들이 있는 상태였습니다. 윗대로 우리 집안에 혈우병 환자가 없었고 아들들 역시 모두 멀쩡한 상태이며 혈우병과 관련된 어떤 증상을 보인 적도 없습니다.

그런데 이런 검사 결과가 나온다면 여러분은 어떨 것 같으세요? 여태 잘 살아오다가 갑자기 혈우병 환자가 되어 울고불고 난리가 날 것입니다. 아들들도 모두 데려가서 혈액 검사를 받게 했을지도 모릅니다.

저는 제 친인척들을 잘 알고 저 자신도 잘 압니다. 30년 넘게 한 번도 떨어져본 적이 없는 몸을 모른다면 머리가 이상한 거겠죠? "이런 게 혈액 검사의 민낯이었던 거야? 헐~" 하고는 두 번 다시 검사를 받지 않았습니다.

검사를 다시 받지 않은 이유는 제가 원래 저체중에 저혈압인데 혈액 검사 과정에서 피를 한 대롱이나 빼니까 생각보다 몸이 많이 힘들었기 때문입니다. 한번 해본 결과, 지속적으로 피를 빼서 검사한다는 것이 대단히 무리한 방법이라는 생각이 들었습니다. 안 그래도 기본적으로 빈혈도 많고 응고인자도 문제 있는 혈우병 환우들이 이런 검사를 정기적으로 한다는 것 자체가 더 나쁜 게 아닌가 하는 생각만 들었습니다. 지금은 다 자라서 성인이 된 아들들은 저처럼 약골이 아니기 때문에 정기적으로 헌혈도 합니다.

5년 전 큰아들이 군 입대를 기다리던 때였습니다. 신체검사 결과, 다른 곳은 문제가 없는데 양쪽 눈의 시력 차가 심하다며 대학병원에서 안과 진료를 받아오라는 병무청의 지시가 있었습니다. 병무청의 명령이니 무시할 수가 없어 안과 검사를 신청하고 다섯 번에 걸쳐 각종 검사를 받았습니다. 갈 때마다 다른 검사를 한다면서 아들은 병원만 다녀오면 반나절은 눈을 뜨지 못하고 고통스러워했습니다. 그리고 검사 결과가 나왔는데 눈에는 이상이 없다였습니다.

하지만 의사의 권고 사항에 뇌종양이 의심된다며 다시 CT를 찍어보라는 말이 있었다고 하더군요. 이런 말을 들으면 부모 된 사람은 어떻겠습니까? 말 안 해도 다 아시겠죠? 그런데 저는 그 말을 듣는 순간 아들에게 이렇게 말했습니다.

"지금부터 내가 묻는 질문들을 단 한 가지라도 병원에서 한 적이 있으면 말해봐라. 1번, 하루에 잠을 얼마나 자느냐? 2번, 평소 어떤 조도(照度)에서 생활하느냐? 3번, 책이나 영상 등 눈을 혹사하는 일을 하느냐? 4번, 한다면 어느 정도의 시간을 소요하느냐?"

우리 아들 왈, 단 한 번도 이런 종류의 질문을 받은 적이 없다고 했습니다.

정밀 검사? 그냥 말로만 물어도 알 수 있는 90%는 알아보지도 않고 정밀 검사라는 이름만 들이대는 그 검사로 뭘 찾아내려 한 것일까요? 모니터 보며 밤새워 게임을 했다면 안과 검사에서 어떤 결과가 나왔을지 궁금합니다.

"됐다. 그놈의 검사인지 뭔지 더 이상 할 필요 없다. 괜히 눈만 고생했네. 그냥 더 검사할 필요 없으니까 군대나 갔다 와라."

이후 큰아들은 강원도 최전방에서 복무하여, 특급 용사로 포상도 제일 많이 받고 제대했습니다.

최근에는 양의사가 쓴 《과잉 진단》이라는 책도 나왔더군요. 제 주변에는 대장 내시경 검사 때문에 만성 설사로 고생하는 분들도 많고요. 본인이 느끼는 병증은 없는데 검사나 수치 문제로 자신을 환자 취급하고 계신 분이 있다면 부디 검사를 포기하라고 권하고 싶습니다. 그런 일로 예상 질환이라며 약까지 복용하고 계신 분이 있다면 더더욱 말리고 싶습니다.

저는 몇십 년 동안 떨어져본 적 없는 제 몸을 제가 가장 잘 느낀다고 생각하기 때문에 검사보다는 제 몸의 감각을 더 믿습니다. 하물며 자신의 감각을 제대로 표현하거나 전달하지 못하는 아기들이라면 검사 결과에 대한 엄마 아빠의 반응은 좀 더 냉정해야 하지 않을까요? 검사가 꼭 필요하다면 그 검사라는 것 자체가 혹 아이의 건강에 더 무리한 일이 되지는 않는지 알아볼 필요가 있지 않을까요?

이것이 제가 약 안 쓰고 아이 키우기를 주장하는 또 다른 이유입니다.

오늘도 아이는 항생제를 달고 사나요?

항생제는 세균이 스스로를 지키기 위해 만들어낸 독입니다. 세균들은 다른 세균들과 경쟁적인 관계를 유지하며 살아가기 때문에 자신을 지킬 방어 물질 또는 무기가 필요합니다. 그래서 독을 만들어 냅니다.

어떤 병원균이 있어서 사람들이 병에 걸린다고 생각해보세요. 그 병원균의 활동을 막고 그 병원균을 사멸시켜야 병이 더 이상 진행되지 않겠죠? 이럴 때 사람들은 현재 병을 일으키는 세균을 적으로 판단하고 공격할 수 있는 다른 세균을 찾게 됩니다. 그 세균이 가진 독으로 병을 일으키는 세균을 퇴치하려는 것이죠. 말하자면 미생물끼리 전쟁을 시키는 겁니다.

맨 처음 푸른곰팡이에서 페니실린을 분리해 약으로 활용하는 데 성공한 이후 제약회사들은 한 단계 발전을 통해 페니실린이라는 독성 물질 자체만 합성하여 생산하는 데 성공했습니다. 말하자면 푸른곰팡이를 그대로 쓰는 것이 아니라 푸른곰팡이의 독만 합성 제조하게 된 것이죠. 그것이 항생제이고, 덕분에 항생제의 시대가 열리게 된 것입니다.

항생제 내성이 뭔지는 모두 알고 있을 겁니다. 간단히 말하면 항생제가 듣지 않는 상태가 된다는 것입니다. 항생제가 많이 쓰이면서 미생물들이 생존을 위해 항생제에 적응하게 된 것입니다. 이런 균들이 바로 항생제 내성균으로 내성균, 다재내성균, 슈퍼박테리아라고 불립니다. 항생제 내성균이 등장하면서 항생제가 더 이상 듣지 않는 사람이 늘어나게 되었습니다.

흔히 병원에선 의사가 권장하는 시기까지 충분히 항생제를 쓰지 않으면 항생제 내성이 생길 수 있다고 합니다. 무슨 말인가 하면 병원균이 다 죽을 때까지 항생제를 쓰지 않으면 약물에 적응한 병원균이 살아남아 내성균이 된다는 얘기입니다.

처음 항생제를 쓰면 병원균 중에서 가장 약한 놈부터 죽기 시작합니다. 이렇게 약한 놈부터 죽기 시작하는데 다 죽지 않았을 때 증상이 소실되었다는 이유로 약을 복용하지 않으면?

그때까지 쓴 약에도 죽지 않은 강한 놈들만 남겨둔 상태가 됩니다. 이놈들이 몸속에서 다시 번식하기 시작하면 내성균이 생기는 것이죠. 이런 이론이 바로 약을 끝까지 먹지 않으면 내성이 형성된다는 이야기입니다.

자, 그러면 최후의 한 놈까지 다 죽을 때까지 항생제를 오랫동안 사용하면 어떨까요? 병원균들이 다 죽기 전에 우리 몸의 유익균들이 먼저 다 죽지 않을까요? 왜냐하면 항생제는 병원균뿐만 아니라 모든 미생물에 작용하기 때문입니다.

흔히 알고 있는 대로 대장균 하나만 생각해도 유익균이 부족하면 설사를 유발합니다. 세균성 장염에 걸리죠. 실제로 항생제 장기 사용 시 흔한 부작용 중 하나가 설사입니다. 엄밀히 말하면 설사를 수반하는 장염이죠.

이번에는 항생제 내성균에 대해 알아볼까요? 항생제는 여러 종류가 있습니다. 이 항생제들은 각기 특징이 다릅니다. 보기에는 그냥 온갖 질환에 쓰는 다양한 항생제이겠거니 생각되겠지만 사실은 작용 기전이 다른 항생제들입니다. 어떤 놈은 병원균의 독을 무력화시키는 중화성 독에 해당되고, 어떤 놈은 병원균의 먹이사슬을 방해하고, 또 어떤 놈은 병원균의 번식 조건을 악화시키는 것입니다.

처음에 페니실린 한 가지로 출발한 항생제는 병원균의 특징에 따라 다양하게 개발되었습니다. 하지만 그에 맞서 항생제 내성균은 이런 여러 가지 항생제의 작용 기전을 모두 극복함으로써 거의 무적이 된 것입니다. 그러니 항생제 내성균이 있다는 말은 달리 표현하면 우리 몸의 면역계가 그만큼 무력화되었다는 말과 같습니다.

그렇다면 항생제를 쓰지 않을 경우 우리 몸은 병원균을 어떻게 물리칠까요? 여러분이 상식적으로 잘 알고 있는 백혈구가 병원균을 처리하는 방식이 있는데 항생제와 똑같은 일을 합니다. 차이가 있다면 우리 몸의 보존을 기준으로 하기 때문에 병원균을 초토화시킬 만큼 독한 것은 처음부터 만들어지지 않는다는 것이죠.

그 대신 우리 몸의 면역계는 다양한 작전을 구사합니다. 또한 자체 생산력이 좋아서 병원균의 수에 맞춰 빠르게 그 수를 늘립니다.

면역계가 이처럼 병원균의 수와 특징에 따라 수를 늘리고 작전을 고안하고 실행하는 것은 유전적으로 갖고 태어나는 게 아니라 태어난 이후에 습득하기 시작하는 기능입니다. 이 과정이 바로 면역계의 형성 과정입니다. 사소한 병들을 앓으면서 하나하나 경험을 쌓아가는 것이죠.

또한 상황에 맞게 자체 생산 능력을 강화하고 조절할 줄 알게 됩니다. 이것이 태어나서 삼칠일 동안 외부 접촉을 피해야 하는 이유가 됩니다. 최소한의 면역계 형성을 배우는 동안 외부 병원균의 공격을 받으면 안 되기 때문이죠.

걷기 시작하면서 외부와의 활발한 접촉이 이루어지죠? 이때부터는 기본적인 면역을 갖추고 더 다양하고 더 독한 놈들을 상대로 강력한 경험을 쌓기 위해 병원균의 무림으로 진출하게 됩니다.

그런데 전혀 준비되지 않은 채 병원균의 최고수들이 득시글거리는 무림 한복판에 진출하면 어떻게 될까요? 바로 맞아 죽습니다. 내성균들이 슈퍼박테리아와 함께 군단을 형성하고 있는 무림 한복판이 바로 병원입니다. 그리고 그곳에서 사람들은 백신을 접종받습니다. 독감 예방접종을 받기 위해 줄을 서서 기다리는 바로 그곳입니다. 정말 아이러니죠?

노약자일수록 독감 백신은 꼭 접종하라고요? 굉장히 위험한 이야기입니다. 정말 어쩔 수 없이 백신을 맞아야 한다면 의사와 간호사가 집집마다 방문하여 주사해야 합니다.

　면역계는 시중의 항생제만큼 독하지는 않지만 탄력적인 응용력을 발휘하여 항생제에 없는 두뇌를 가지고 있습니다. 또한 우리 몸의 면역계는 효율적으로 작동하기 때문에 가장 적은 수와 최소한의 에너지만으로 상대를 공격합니다. 결국 답은 가장 똑똑한 면역계를 만들고 운영하면 되는 것입니다.

　자, 위에서 제가 알려드린 내용들 모두 잠시 접어두고 이번에는 새로운 문제를 하나 생각해봐야 합니다. 항생제를 사용함으로써 우리 몸에서 가장 먼저 문제 되는 곳이 어디일까요? 해독의 중심인 간입니다. 왜냐하면 항생제는 그 자체가 독이니까요.

　항생제를 사용하는 것은 병원균과의 전쟁이 화학전이라는 얘깁니다. 따라서 몸 전체가 화공 물질로 오염됩니다. 그 때문에 간은 쉴 새 없이 일해야 합니다. 또한 각종 효소가 중심이 되는 내분비 기능들이 균형을 잃게 됩니다.

　경구투여(經口投與), 즉 입으로 들어온 항생제를 제일 먼저 만나는 소화기관부터 유익균들이 죽기 시작합니다. 소화가 잘 안 되고 입맛이 없어지고 덩달아 체력도 떨어집니다. 결국 체력 약화와 내분비 질환을 촉진하는 결과를 불러옵니다. 기운이 없고 혈압과 당뇨 등의 대사성 질환은 많아지고~ 대사성 질환의 끝판왕인 암으로 가는 행로에 들어서는 것입니다.

많은 엄마들이 기관지염 또는 중이염이라는 사소한 질환의 끝을 보겠다면서 항생제를 장기적으로 복용시킵니다. 그것 때문에 암으로의 행로에 들어서는 줄도 모르고 말이죠.

결론적으로 항생제와 관련해서 볼 때 건강을 위해 두 가지만 알면 됩니다. 하나는 우리 몸의 면역계를 똑똑하게 키워야 한다는 것이고, 또 하나는 똑똑하게 키운 몸에는 내성균이 아무 영향을 주지 못한다는 것입니다.

면역계를 똑똑하게 키우는 것은 아이들이 병을 앓을 때 환자로 생각하지 말고 몸공부 중이라고 생각하는 시각을 유지하면 됩니다. '이번에 또 하나 배우는구나, 이번에 큰 공부 하는구나' 하고 말이죠.

면역계가 자체 생산력을 강화하고 작전을 다양화하는 것을 익혀야 하는데 조금만 아파도 금방 항생제를 먹이니까 우리 몸의 면역계는 착각하게 됩니다. '아, 이 정도 숫자로도 이길 수 있구나. 아, 이 정도 작전만으로도 충분히 병을 이기는구나' 하고 말이죠. 그래서 다음에 똑같은 병원균을 다시 만났을 때 우리 몸의 면역계는 지난번 경험을 기억하고 딱 그만큼만 작전을 하고 그만큼만 수를 늘립니다.

그런데 병원균이 물러서지 않으니까 더 심하게 병을 앓게 됩니다. 그래서 '이 정도로는 안 되겠구나' 하고 데이터를 수정하려 하는데 또 항생제가 들어와 병원균을 물리쳐주니 면역계는 데이터 수정을 하지 않게 됩니다. 면역계는 더 이상 성장하지 않은 채 방만해지고,

병원균은 날마다 똑똑해지고 강해집니다.

약을 끝까지 먹지 않아서 내성균이 생기는 것이 문제가 아니라 약을 너무 일찍 많이 먹여서 면역계가 발달하지 못하는 것이 더 큰 문제입니다.

병원균에 대항하는 자기 데이터가 바로 항체입니다. 그래서 항체는 기억 세포라고도 부릅니다. 기억 세포가 만들어지려고만 하면 약을 먹어버리니 옳은 기억 세포가 형성되지 못하고 혼란이 생기는 것입니다. 이 같은 면역계의 혼란이 알레르기입니다. 요즘 아이들에게 알레르기가 많은 이유를 이젠 알겠죠?

내성균이 똑똑한 몸에는 왜 아무 영향을 미치지 못하느냐 하면 전혀 다른 세상이기 때문입니다. 아프리카에서만 발생하는 풍토병을 우리나라 사람들이 걱정할 필요가 없는 것과 같은 이유입니다.

내성균이 힘을 발휘하고 좋아하는 곳은 건강한 몸이 아닙니다. 쥐나 바퀴벌레가 청결한 조건을 싫어하는 것과 같습니다. 항생제로 길들여진 몸은 내성균의 가장 좋은 서식 조건을 가지고 있습니다. 그러니 항생제와 무관하게 사는 사람들의 몸은 내성균이 서식할 수 없는 환경입니다.

미국뿐 아니라 영국 왕실에서조차 엄청난 상금을 내걸고 항생제 내성을 해결할 수 있는 더 강력하고 새로운 약물의 개발을 지지합니다. 그러나 항생제와 세균성 질환을 보는 시각이 바뀌지 않는 이상 이 문제는 쉽게 해결되지 않습니다.

따라서 진정한 해결을 원한다면 체내 환경을 바꿔야 합니다. 체력을 강화하라, 활동성을 높여라, 체온이 떨어지지 않게 하라 같은 것들 말입니다.

병원균이 싫어하는 몸속 환경을 만들고, 병원균을 처리할 수 있는 자체 방어군을 강화하도록 자연치유를 통해 훈련하고, 자체 방어군인 면역계의 활동을 돕기 위해 내분비계를 정비하고 강화하는 발효식을 계속해서 먹고……. 이런 행동이 현명한 답입니다.

이제껏 항생제와 백신으로 버틴 아이라 하더라도 지금부터 다시 면역계를 훈련하고, 자기 데이터를 수정하도록 심하게 앓을 기회를 주고, 외부에서 항생제를 들여와 쉽게 해결하는 방식을 포기한다면? 내성균이 득시글거리는 병원을 최대한 멀리하고, 체내 환경의 회복을 위해 해독을 하고, 발효식으로 체내 유익균과 내분비계를 돕는다면? 충분히 다시 면역계를 정상화하고 똑똑하게 만들 수 있습니다.

체내 환경을 바꾸는 것이야말로 항생제 내성과 내성균에 대한 가장 근원적인 해법입니다.

아이 대신
아파주시면 안 될까요?

아이가 열이 날 때 찬찬히 원인을 따져보거나 살펴보지도 않고 무작정 바로 해열제를 먹이는 일이 과연 아이를 위한 것입니까, 아니면 자신의 불안한 마음을 안정시키려는 것입니까?

아이가 몇 달째 항생제를 먹고 있는데도 차도가 없다면서 약을 오래 먹이는 것도 불안하지만 안 먹이면 더 불안하다는 엄마들에게 말하고 싶습니다.

엄마 아빠가 불안하면 아이는 약을 먹어야 합니까? 그 약은 아이를 위한 약입니까, 엄마 아빠를 위한 약입니까? 아이가 먹는 항생제가 신경정신과에서 처방한 엄마 아빠의 안정제입니까? 엄마 아빠의 심리적 안정을 위해 약을 먹은 아이가 점차 약물의존증 환자가 되어간다면, 항생제에 내성을 가지게 된다면 그건 누구의 잘못입니까?

제가 우리 카페의 아토피 아이를 둔 부모들에게 이런 글을 써 올린 적이 있습니다. 아이 대신 아파주시면 안 될까요? 하고 말이죠.

그 글을 옮겨오는 것으로 제가 하고 싶은 말을 대신하겠습니다.

아토피로 아이들이 상처가 나고 진물이 나고…… 아이 침구에서 피비린내가 나고, 이부자리에서 각질이 우수수 쏟아지고, 그런 상태를 보고 있는 엄마나 아빠는 너무 가슴이 아파서 보기가 힘들고…….

결국 병원에 가서 연고와 로션을 사용하게 됩니다. 항히스타민제를 먹이고 스테로이드를 먹입니다. 엄마 아빠의 마음이 힘들다는 것, 충분히 이해합니다. 하지만 두 가지를 더 생각해봐야 할 것 같습니다.

한 가지는 지금 마음이 더 아픈 쪽이 엄마 아빠냐, 아이 본인이냐 하는 것입니다. 대부분의 경우 아이들은 마음이 아프지 않습니다. 그냥 몸이 힘들 뿐이죠. 가려운 것은 힘들지만 엄마 아빠가 늘 사랑스럽다 해주니까 마음은 편합니다.

마음이 힘든 것은 엄마 아빠들입니다. 이때 엄마 아빠 마음 편하자고 아이를 연고와 로션으로 '떡칠'해서 커버하면 될까요?

엄마 아빠 마음이 조금 편한 동안 아이 피부는 속으로 더 나빠지고 있는데요. 그래서 결국 시간이 지나면 다시 더 나쁜 상태를 보여주게 됩니다. 그럼 엄마 아빠의 마음도 위로받지 못하고 아이도 낫지 않게 됩니다.

이렇게 시간이 지나 아이가 주변을 인식하게 되면, 어린이집에서 유치원에서 친구들이 더럽다면서 같이 놀지 않겠다고 말하는 그때는 누구의 마음이 더 아플까요? 그때는 아이가 마음을 다칩니다. 지금 엄마 아빠가 마음 편하자고 선택한 방법으로 인해 나중에 아이는 몸도 아프고 마음도 다치게 됩니다.

그다음은 눈에 보이는 상처인지, 숨어 있는 상처인지를 생각해야 합니다. 지금 진물이 나고 피가 나는 것은 밖으로 나오는 것들입니다. 밖에서 다 보이기 때문에 숨어 있는 것을 걱정하지 않아도 됩니다.

하지만 피부로 올라오는 것들이 보기 힘들다고 연고와 양약으로 진정시킨 뒤 그것들이 정말 치료되었다고 생각하는 것은 아니겠죠? 지금은 괜찮아 보여도 언제 올라올지 몰라서 불안하죠? 그것들은 그냥 안으로 들어가서 숨었을 뿐입니다. 숨어 있는 것들은 어떻게 되어가는지 과정을 알 수 없습니다. 피부를 짓무르게 하던 것들이 내장을 짓무르게 하고 있는지, 피를 상하게 하고 있는지 알 수 없습니다.

거기에 약의 독까지 합쳐진다면 아이 배 속은 어떨까요? 눈에 보이는 아토피 안 보이게 가려보겠다며 바르고 먹이는 동안 아이는 면역력도 약해지고 감기도 더 자주 걸리고 소화 장애도 더 자주 나타납니다. 피부호흡의 약화로 폐와 호흡기 전체가 더 자주 병에 걸립니다. 또 더 많은 곳에서 알레르기가 발생합니다.

아이 얼굴에 상처가 나고 사람들이 혀를 차도…… 그 때문에 지금 엄마 아빠가 마음을 다치더라도 아이 마음 다칠 일을 대신한다 생각하시면 좀 편하지 않을까요? 눈에 보이는 상처가 안 보이는 상처보다 마음 편한 일 아닌가요?

보이는 것은 치료할 수도 있고 치료되어가는지 안 되는지 알 수도 있지만 보이지 않는 배 속은 사정도 모르고 맨날 종합검진을 받을 수도 없고…… 더 불안한 일 아닌가요?

현재 아이가 힘들어도 남의 눈을 잘 의식하지 못하는 월령(月齡)이라면 더더욱 제가 하는 말을 잘 이해하고 들으시기 바랍니다. 아이가 벌써 어린이집이나 유치원을 간다면 시간을 미룰수록 정서적으로 예민하게 반응하기 때문에 더 늦기 전에 빨리 치료해야 합니다.

아토피는 아파도 토해내야 낫는 피부 질환입니다. 결국 숨겨두고는 치료할 수 없다는 말인데, 밖으로 드러나는 시간을 어떻게 받아들이고 견뎌야 할지 잘 이해한 뒤 아이를 위해 하루라도 빨리 마음을 결정하고 치료를 시작하기 바랍니다.

지금 엄마 아빠가 잘 견뎌주면 아이는 몸만 힘들면 됩니다. 그리고 곧 나아서 친구 생일 파티에도 가고 아무거나 먹어도 아무렇지 않은 아이가 될 겁니다. 아이의 교우 관계나 사회생활에 문제가 생기지 않게 됩니다. 그리고 후기에서도 보셨듯이 안아키식 치료는 아무런 흉터나 흔적도 남기지 않습니다. 지금 엄마 아빠가 마음의 상처를 견딜 충분한 이유가 되는 것입니다.

나중에 건강할 아이를 위해 지금 아이 대신 엄마 아빠가 좀 아파주시면 안 될까요?

부모가 최고의 의사다

 가끔 진료실에서 환자분들에게 묻습니다.

 "지금까지 단 한 번이라도 본인의 몸과 떨어져본 적이 있으십니까?"

 유체 이탈 경험이라도 한 게 아니라면 이런 질문에 '예'라고 할 사람은 없겠죠.

 우리가 어떤 표현을 할 때 가장 잘 안다는 뜻으로 "내가 제일 오래 함께했다"라고 합니다. 그리고 장삿집에 가보면 전통을 자랑하느라 몇 대째라는 표현을 쓰기도 합니다.

 우리 부모님도 부모이셨고, 그 부모님의 부모님도 부모이셨습니다. 말하자면 우리가 부모인 것은 원조라고 주장하는 장삿집과 비교할 때 3대째, 5대째 이런 집은 명함도 못 내밀 정도로 오래된 전통을 가지고 있습니다.

 오랜 전통을 자랑한다는 것은 타고난 능력이 남다르다는 것을, 음식집이면 손맛을 타고났다는 것을 의미하죠. 그러나 너무 오래 물려

받아서 몇 대째인지 계산도 못하는 우리의 유전자는 우리가 부모 되는 데 필요한 능력을 타고나도록 만들어진 것이 분명합니다.

여러분이 그림 그리기나 피아노 치기, 또는 무언가를 만드는 일에 유전적으로 타고나서 천재적 재능을 보인다 해도 그 모든 탁월한 타고난 능력보다 더 탁월하고 오래된 유전적 재능이 바로 부모로서의 재능입니다. 그것은 인류 최초로부터 지금까지 이어져 내려오는 가장 오래된 유전자이기 때문입니다.

제가 엄마 아빠들을 만나면 그곳이 진료실이든 카페의 온라인 지면이든 간에 가장 많이 하는 일이 "제발 정신 좀 차렷~!" 하고 큰 소리로 호통을 치거나, 자기 아이에 대해 얼마나 많이 알고 있는지 깨닫게 해주는 것입니다.

얼마 전 진료실에서 황당한 일이 있었습니다. 너무나 멀쩡해 보이는 아이를 데리고 엄마 아빠가 진료를 받으러 왔는데 얼굴이 잔뜩 겁에 질린 표정이었습니다.

이유를 들어보니 설 전에 영유아 검진을 갔다가 아이 상태가 이상하다는 의사의 조언을 듣고 추가로 여러 가지 검사를 하는 과정에서 심전도상 부정맥과 이상긴장 징후가 나타났는데 의사가 아이 엄마에게 "이 상태면 아이가 언제 죽어도 이상할 게 없다"는 청천벽력 같은 선고를 했다는 것입니다.

그 일로 엄마는 아이가 눈앞에서 언제 갑자기 사라질지 모른다는 불안감에 설이 되었는데 시댁도 친정도 가지 않고 하루 종일 눈물을 훔치며 아이만 바라보고 지냈다더군요.

그래서 진맥을 하기 전에 간단히 몇 가지 물어봤습니다.

"아이가 먹고 자고 싸는 데 특별한 이상이 있었나요?"

"아니요. 제가 보기엔 그런 거 없고 늘 잘 먹고 잘 싸고 잘 노는 아이예요."

"그럼 특별한 질환으로 입원 치료를 한 적이 있거나, 치료는 안 해도 이상한 증상을 보인 적이 있나요?"

"제가 보기엔 그런 일이 없었습니다. 그냥 너무 설쳐서 훈육이 어려운 아이죠."

그래서 제가 말했습니다.

"엄마, 진찰 안 해도 알겠네. 애는 아픈 데가 아무 데도 없어요. 정신부터 좀 차려욧~!"

"선생님, 진찰도 안 하시고 어떻게?"

"물어보는 게 진찰이지. 내가 애에 대해 아는 게 뭐가 있어요? 난 엄마에게 물어보고 아이에 관한 정보를 엄마에게서 다 듣고 그 의미를 분석하고 의료적 판단을 해주는 일을 할 뿐이에요. 엄마가 말해주지 않으면 난 아이에 대해 아무것도 모르는 사람이죠. 그런데 아이에 대해서 제일 잘 아는 엄마가 방금 본인 입으로 아이가 늘 멀쩡하다고 말했잖아요. 그럼 그 말을 믿어야지 왜 없는 병을 만들려고 애써야겠어요?"

실제로 그날 아이는 예전 병원에서의 트라우마(귀 검사 때 면봉에 가볍게 찔린 다음부터 병원 검사를 엄청나게 무서워한답니다)로 병원에서 검사를 하려고 하자 대책이 없을 정도로 악을 쓰며 울었답니다.

울어서 호흡곤란이 생기자 심장 기능 검사를 해봐야 한다며 심전도를 권유했고, 심전도 검사를 위해 수면유도제를 썼는데 한 번으로 되지 않아 두 번을 썼다고 합니다. 그렇게 우여곡절 끝에 한 검사에서 부정맥과 심장 이상긴장이 나왔다고 하네요. 그리고 희귀 질환 중 하나라며 실신과 급사할 수도 있는 긴큐티증후군 이야기를 꺼냈다고 합니다.

태연하게 남의 이야기로 들으면 검사에서 이상이 나오는 것도 당시 상황으로 보았을 때 당연하다는 생각이 들지 않나요? 아이가 잔뜩 겁에 질려 있고 그 와중에 수면유도제는 두 배로 쓰고…….

남의 이야기일 때는 "누구라도 그런 상황이면 검사에서 이상이 나오는 게 당연하지"라고 말할지 모릅니다. 그런데 희한하게도 내 아이의 경우만 되면 엄마 아빠들이 요즘 말로 멘붕(멘탈 붕괴)이 되어버립니다. 이성적이고 합리적인 사고를 기대할 수 없는 이 '불안한 부모'라는 장애는 참으로 큰 병입니다.

글 앞머리에서 말씀드렸듯이 우리는 부모 됨에 관한 천부적 능력을 타고난 사람들입니다. 그럼에도 불구하고 그 능력들이 전혀 발휘되지 못하고 부모라는 이유만으로 오로지 두려움이 커지는 조건만 된다면 무언가 잘못되어도 크게 잘못된 거겠죠?

아이가 태어난 이후 아이와 가장 오래 함께하고, 아이를 가장 잘 알고, 아이를 가장 잘 느끼는 사람이 엄마 아빠인데, 내 아이에 관한 한 세상에서 제일 전문가인 사람이 전체적인 시각을 유지하지 못하고 사소한 검사 결과 하나에 모든 판단을 맡겨버린다면 아이는 누구를 믿고 삽니까?

제 말을 듣고 정신을 좀 차렸는지 그 아이는 나중에 충분히 검사에 대해 설명을 하고 마음의 준비를 하게 한 후 안정된 상태에서 24시간 심전도 검사를 다시 받았고, 결과는 지극히 정상인 것으로 나왔다고 합니다.

검사 결과가 달랐던 것 역시 엄마 아빠가 아이의 성격을 충분히 잘 알고 있었기 때문에 미리 말해줌으로써 심리적 안정을 유도한 덕분이라고 생각됩니다. 엄마 아빠의 심리는 정신 차리라는 제 호통이 처방이었던 셈이고요.

제가 가끔 농담 반 진담 반으로 엄마 아빠들에게 말합니다.

"여기는 진료실이에요. 진찰하고 처방하고 그러는 곳이라고요. 여기가 언제부터 교육실이 되어버렸는지……. 제발 진짜 아픈 아이 좀 데리고 와봐요. 진료 차트에는 애 이름이 적혀 있는데 진짜 환자는 맨날 엄마 아빠예요. 헐~."

아이를 데리고 진료를 받으러 오는 경우 대부분은 제 진료실에서 아이 진찰보다는 엄마 아빠의 정신교육이 이루어지고 있기 때문입니다.

엄마 아빠 여러분.

여러분은 타고난 부모입니다. 이 세상 누구보다 자기 아이를 가장 잘 압니다. 그리고 아이를 사랑합니다. 여러분이 심리적으로 불안해하고 흔들리는 이유는 충분히 이해합니다. 아이를 낳기 전까지는 몰랐는데 낳고 보니 너무 귀하고, 너무 조그맣고 그래서 귀한 만큼 불안하다는 것을요.

하지만 아이를 살필 때 있는 그대로 보지 않고 부모 된 자신의 불안감에 대한 정당성을 찾으려 한다면 아이는 언제나 환자일 수밖에 없습니다. 아이가 건강하게 자라기를 누구보다 바라는 사람들이 자신의 불안 심리 때문에 아이를 환자로 만드는 이 아이러니한 상황은 여러분이 타고난 자신의 재능에 눈뜨지 못했기 때문입니다. 아니, 엄밀히 말하면 여러분이 자신의 재능에 눈뜰 수 없는 상황을 현재의 의료 시스템을 이용해 돈벌이를 하려는 사람들이 만들고 있기 때문입니다.

자신이 타고난 부모라는 사실을 깨닫고, 아이가 생명의 씨앗이라는 것을 믿고, 튼튼한 사랑으로 육아를 한다고 생각하면 이 세상 모든 검사 기계보다, 어떤 명의보다 여러분이 자기 아이에게는 가장 훌륭한 의사이자 육아 전문가가 될 수 있습니다.

감기란 무엇인가?

  아기들이 맨 처음 경험하는 것이 대부분 감기가 아닐까 싶습니다. 감기로 인해 열이 나면서 약과의 인연이 시작되는 경향이 많은 것 같아 감기부터 한번 짚어보는 것이 병에 대한 이해의 시작이 될 듯합니다.

  우리 몸은 기본적으로 따뜻한 온도를 유지합니다. 평소 몸속에 들어오는 균들도 체온 정도의 온도를 좋아하는 바이러스들입니다. 그래서 우리 면역계는 이런 바이러스들에 대한 훈련과 적응이 잘되어 있는 편입니다.

  하지만 차가운 곳에 오래 있으면 감기에 잘 걸리죠? 또 체력이 떨어지면 감기에 잘 걸리죠?

  겨울은 주변 온도가 전체적으로 낮기 때문에 냉장고 밖에 음식을 두어도 잘 상하지 않습니다. 찬 온도로 인해 미생물들의 활동이 억제되는 것이죠. 그런데 미생물의 발육이 억제된 추운 겨울에 설치고 돌아다니는 놈들은 어떤 놈들일까요?

겨울에 발생하는 감기 바이러스들은 차가운 온도에 적응력이 좋은 것들입니다. 독감 인플루엔자는 훨씬 더 차가운 온도에도 강한 활동성을 보입니다. 차가운 온도에도 활동이 움츠러들지 않고 버티는 이런 녀석들은 온도가 높아지면 활동력이 배로 늘어납니다.

우리 몸이 차가워지거나 체력 저하가 심할 때 이렇게 차가운 온도에 적응력 좋은 놈들이 우리 몸에 들어옵니다. 바깥공기보다 온도가 높은 체온은 감기 바이러스가 활동하기에 최상의 조건이 되고, 감기는 빠르게 온몸으로 퍼집니다. 그때 우리 몸은 체온보다 약간의 열을 더 올려 대처하려 하지만 활동력이 강해진 녀석들은 쉽게 해결되지 않습니다.

그러나 다행인 것은 차가운 온도에 적응력을 가진 녀석들이 아주 더운 온도엔 취약하다는 점입니다. 그래서 열이 나도 확실히 나야 이런 것들을 이길 수 있습니다. 우리 몸이 평소 바이러스를 자주 접해봐서 훈련되어 있으면 '아, 이놈은 세구나' 생각하고 몸의 열을 급히 올립니다. 39도, 40도를 넘나들며 응급 대처를 합니다.

이럴 때 아이들은 고열로 끙끙대며 잘 움직이지도 않고 먹지도 않습니다. 왜냐하면 체온을 올리기 위해 모든 에너지를 집중하느라 소화하는 데 쓸 에너지가 없기 때문입니다.

화력발전소를 급히 돌리려면 많은 양의 기름을 때야 하듯이 몸에서 갑자기 높은 열을 만들려면 엄청난 에너지가 필요하겠죠? 빨리 열을 올리고 고열을 유지해서 이 녀석들을 해결해야 하는데 분초를 다투는 치열한 전쟁에서 소화에 에너지를 쓸 여유가 없기 때문에 몸은 입맛을 잃게 됩니다. 팔다리로 보내는 힘, 소화하는 데 필요한 힘, 심지어 배변을 위해 장으로 보내는 에너지까지 모두 끌어모아서 고열을 만들어 감기와 싸우기 때문이죠.

그래서 감기에 걸리면 입맛을 잃고 억지로 먹으면 잘 체합니다. 감기에 걸리면 배를 흔들어주거나 소화제를 먹이는 것은 이렇게 몸 스스로는 소화에 쓸 에너지가 없으니까 바깥에서 소화를 도와주려는 것이죠.

이렇게 소화에 써야 할 에너지까지 다 집중해서 열을 올리고 나면 독감 바이러스 같은 놈들도 힘을 잃습니다. 차가운 환경에 적응한 놈들이라 약간의 온도 상승은 오히려 호조건이었지만 아주 높은 온도에는 매우 취약한 놈들이거든요.

이제 겨울 감기는 어떻게 대처해야 하는지 알았죠? 겨울 감기는 빠른 발열이 답입니다. 아이가 스스로 열을 내서 일찌감치 처리하면 다행이지만 그러지 못하고 시간을 끌며 해열제를 써서 열을 내리면 감기 바이러스는 여전히 죽지 않고 감기는 더욱 오래 끌게 됩니다. 체력은 점점 떨어지고 바이러스는 몸속 더 깊이 침투해서 활동하고……. 결국 약과 바이러스의 합동작전으로 감기는 감기로 끝나지 않고 폐렴, 장염으로까지 이어지게 됩니다.

이런 상황을 만들지 않으려면 초기에 빠른 발열로 대처해야 합니다. 이런 바이러스를 처음 맞닥뜨렸을 때 아이가 제대로 처리하지 못할 수도 있습니다. 그럴 때는 엄마가 각탕이나 땀내기 방식으로 열을 올리는 것을 도와줘야 합니다. 물론 이마부터 머리까지는 차게 유지해야죠. 얼굴 전체가 차가워도 됩니다. 하지만 몸은 가급적 뜨거워야 합니다.

열에 대한 대처법이 결국은 열의 원인에 대한 파악이 우선이라는 걸 이해하시겠죠? 이런 상황을 이해하지 못하면 고열도 걱정인데 아이가 밥 안 먹고 안 설치는 것도 더 큰 걱정으로 다가오게 됩니다. 사실은 최선을 다하고 있는 중인데 말이죠.

엄마들이 억지로 밥을 먹이려고 애쓰는 동안 아이는 점점 더 힘이 분산되어 감기와의 싸움에서 전세가 밀립니다. 그러니 제대로 도와주려면 너무 먹이려고 애쓰지 마세요. 고열로 탈수가 일어나지 않도록 물만 보충해주면 됩니다.

이런 감기를 한 번 겪고 나면 그다음부터는 우리 몸의 면역계가 바이러스에 대한 정보를 가집니다. 그러면 다음에 이런 놈이 들어왔을 때 처음부터 알아차리고 확실히 잡아냅니다. 이런 정보를 기억세포 또는 항체라고 합니다. 항체가 생기면 고열까지 가기 전에 바로 해결합니다.

아이의 고열을 처음 경험하는 엄마라면 아이 몸이 무슨 공부를 하고 있는지, 엄마 입장에서 어떻게 도와줘야 하는지 잘 이해했기를 바랍니다.

비염에서 천식까지의 새로운 이해

폐는 오장 중 하나로 생명을 좌우하는 중요한 내장입니다. 폐가 병들어 숨을 못 쉬면 죽으니까요. 그래서 우리 몸은 폐호흡을 위해 몇 가지 안전장치와 조절장치를 늘 가동하고 있습니다. 코, 인후, 기관지, 폐포 이런 순서로 말입니다.

외부의 공기가 차갑거나 더워도 폐가 덥거나 춥다는 느낌을 받은 적은 별로 없죠? 그건 공기가 폐에 들어가기 전까지 코와 인후와 기관지가 공기를 폐포에 부담이 없는 상태의 적당한 온도와 습도로 미리 조절하는 역할을 하기 때문입니다.

코감기에 걸리거나 비염이 없는 건강한 사람도 겨울에 아주 차가운 공기를 접촉하면 코가 막히고 콧물이 흐르는 현상을 경험할 것입니다. 그러다가 따뜻한 곳에 들어가면 금방 풀리죠.

이건 차가운 외부 공기가 호흡을 통해 폐로 곧장 들어가면 안 되기 때문에 콧속에서 두 가지 전처리 작업을 함으로써 일어나는 자연스러운 현상입니다. 한 가지는 외부 오염원의 차단을 위해 콧속에서 점액이 많이 분비되어 콧물이 생기는 것입니다. 또 한 가지는 차가운 공기의 온도를 높여 폐에 부담을 주지 않으려고 비강 내 혈관들이 히터 작용을 하기 때문에 비강 점막이 부풀어 콧구멍이 좁아지고 코가 막히는 것입니다.

코감기에 걸리거나 비염이 있는 경우, 공기가 지나치게 차갑거나 먼지가 많지 않아도 코의 기능 저하로 코가 막히고 콧물이 흐릅니다. 기능이 떨어져 잘하지는 못하지만 작업까지 포기한 것은 아니므로 계속 콧물이 나오고 코가 막힙니다. 비록 잘하지는 못해도 노력은 하고 있다는 얘기죠.

코의 노력만으로 부족하다 싶으면 그다음에는 편도 혹은 인후가 나섭니다. 이 두 조직은 목구멍에 위치해 있어 폐와의 거리가 더 짧습니다. 그런 까닭에 여기서 공기의 온습도 조절을 맡게 되면 몸이 응급 상황으로 인식할 가능성이 큽니다.

편도나 인후가 붓고 열이 나는 것도 비강에서 공기를 조절하는 것과 동일한 기전으로 작동함으로써 붓고 열이 납니다만, 더 위급한 상황이기 때문에 비강보다 더 많이 붓고 더 많은 열이 납니다. 코가 일을 못할 때는 편도나 인후가 뒤를 받쳐준다는 여유가 있지만 이제 여기서 밀리면 폐가 바로 침입당한다는 위기감이 있는 것이죠.

그다음은 기관지겠죠? 기관지까지 조절되지 않은 공기가 밀려들어오게 되면 기침이 나고 가래가 나옵니다. 이때부터는 호흡량을 줄임으로써 폐로 들어오는 것을 막으려 합니다. 말하자면 생리적 현상인 것이죠.

자, 여기서 약의 작용을 추가해볼까요? 코가 일을 잘 못할 때 공기를 바꾸거나 코의 기능을 도와줄 어떤 일을 하기보다는 그냥 약을 먹여서 원인에 관계없이 코의 증상을 가라앉혔다고 치죠. 그러면 그다음으로 편도나 인후에 전가되어 병이 생기겠죠?

그런데 사람들은 코 치료를 하고 나니 이번에는 또 편도가 부었다고 합니다. 마치 자기 아이는 코부터 편도까지 다 문제라는 듯 말이죠. 코의 조절력이 좋지 못할 때 공기의 온습도를 높여주었으면 간단히 해결되었을 문제를 약으로 무작정 가라앉혔을 때 이렇게 된다는 뜻입니다.

편도나 인후에 염증이 생겼을 때 그 문제를 근원적으로 도와서 해결하지 못하고, 또 이번에는 편도 절제를 하거나 약을 써서 염증을 없앴다고 칩시다. 이젠 하는 수 없이 모세기관지염이나 폐렴이 오게 됩니다.

코와 편도까지는 소염제, 해열제만 사용했다 하더라도 모세기관지염이나 폐렴이 오면 항생제를 투여하게 됩니다. 또한 기관지 확장을 위해 스테로이드도 사용합니다.

항생제는 무차별 공격형이어서 우리 몸의 대장균도 죽입니다. 폐렴 치료하고 나면 그다음은 장염이 오겠죠? 이럴 때도 역시 부모들은 우리 아이는 감기만 끝나면 장염이 온다고 합니다.

장염으로 잦은 설사와 약물 치료를 반복하는 동안 피부는 극도로 건조해집니다. 엄마들은 로션을 듬뿍듬뿍 발라서 피부 건조를 예방한다 하겠지만 그건 엄마 눈으로 볼 때 위로가 되는, 겉만 번드르르일 뿐 경피독(經皮毒, 피부를 통해 축적되는 독소)의 누적으로 아토피는 더 악화됩니다.

이게 과연 아이들이 코에서 대장까지 모두 고장 나서, 내장 기형인 아이들이어서 콧병만 나면 장염까지, 아토피 악화까지 이어지는 것일까요?

그러고는 장염 치료한다고 또 약을 한참 동안 먹인 뒤에 입맛이 없다는 둥 밥을 잘 안 먹는다는 둥 하면서 영양제에 과식을 유도합니다. 소화기는 덩달아 또 탈이 납니다.

이런 과정의 반복으로 영양부족이 만성화되면 그다음은 성장 저하라며 또 걱정하고, 드디어는 성장호르몬 주사까지 맞습니다. 코감기 하나에서 시작된 증상이 약물로 치료하는 동안 점점 약물의 융단 폭격으로 이어집니다. 하루도 약을 먹이지 않는 날이 없는 상태까지 가는 것이죠.

여러분은 병 덩어리의 허약하고 불안한 아이를 낳은 것이 아니라 생명력 가득한 아이를 낳았습니다. 다만 이 세상의 의료 시스템과 그 의료 시스템의 진행 과정을 잘 몰라서, 아이가 조금만 아파 보여도 불안해하다 보니 아이들을 자꾸만 병 덩어리로, 생명력이 불안한 아이로, 충성스러운 의료 소비자로 키우고 있을 뿐입니다.

아토피를 비롯한 피부 질환의 새로운 이해

아토피로 고생하는 아이들이 어느 때보다 많은 요즘입니다. 아이 아토피로 엄마 아빠는 마음은 물론 몸도 고생하고 돈도 많이 쓰지만 쉽게 해결되지 않습니다. 유전이라는 말을 들으면 자책감이 심해지고, 환경 문제 얘기가 나오면 지구 환경을 다 바꾸거나 아프리카로 이사 가야 할 판이니 치료법이 없다는 말처럼 들리고, 먹거리 문제 얘기가 나오면 사회생활이나 인간관계를 포기하고 타임머신을 타고 과거로 돌아가기 전에는 답이 없다는 말처럼 들립니다.

하지만 결론부터 말씀드릴까요? 아무것도 하지 않고 그냥 내버려둘 수 있다면 아토피는 2년 뒤엔 아무 흉터 없이 자연스럽게 완치되는 병입니다. 태선화(苔癬化, 피부가 뻣뻣해지고 거친 주름이 많아지면서 뚜렷해지는 현상)라는 피부 변질이 이미 발생한 경우에는 3년이면 됩니다. 여기서 '아무것도 하지 않고'라는 말이 무슨 의미인지만 알면 됩니다.

이제부터 제가 하려는 말이 바로 그 '아무것도 하지 않고'에 대한 설명입니다. 아토피는 원래 어려운 병도 아니고 신생아들에게서 자주 나타나는 태열의 한 증상일 뿐인데 치료라는 이름으로 자꾸 무언가를 하면서 점점 괴물스럽게 악화된, 참 억울하고 무서운 병입니다. 무엇을 하지 않으면 되는지, 왜 그래야 하는지 그 이유를 하나씩 들어보면 무서운 아토피를 이길 수 있습니다.

전국 병원 어딜 가든 아토피에는 보습을 외칩니다

엄마들 말에 의하면, 보습제를 하루 열 번씩 바르는 경우도 있어 약값보다 로션 값이 엄청나게 든다고 합니다. 어떤 엄마는 알람을 맞춰두고 알람이 울릴 때마다 로션을 발라주었다고 합니다. 왜냐하면 오로지 보습만이 아토피를 이길 수 있는 유일한 방법이라고 귀에 못이 박이도록 들었기 때문입니다. 그런데 보습제로 정말 아토피가 나을 수 있을까요?

아토피라는 병의 정확한 이름은 아토피피부염입니다. 피부염은 염증이 있다는 뜻이죠. 염증은 한문으로 불꽃 염(炎)자를 쓰는데 그 속성이 불꽃과 같다는 뜻입니다. 불꽃은 기름과 불씨가 만나서 발생합니다. 그렇다면 기름과 불씨를 제거하는 것이 해결책이겠죠? 그런데 로션은 기름진(oily) 성분들입니다. 기름을 없애야 할 때 기름을 계속 부어준다면 불꽃이 죽을까요?

아토피를 건성 질환의 대표라고 합니다만 아토피로 습진이 발생하고 진물이 나는 것은 어찌 된 일일까요? 건성 질환이라는데 진물이 흘러 습기가 가득하고 그 습기가 주변에 퍼지면서 또 환부가 넓어지는 것을 어떻게 건성 질환이라고 설명할 수 있습니까?

아토피는 건성 질환이 아니라 염증성 질환이기 때문에 피부가 건조해지는 것은 불꽃의 열로 인해 피부가 탄 것입니다. 피부가 열에 의해 타면 구운 고기처럼 기름기가 빠지고 딱딱해집니다. 불꽃이 작용한 결과를 보고 원래 건조한 것이 원인이었다고 말하는 것은 본말이 전도된 것이죠. 그래서 저는 아토피엔 아무것도 바르면 안 된다고 말합니다.

집에서 좋은 재료로 직접 만든 로션이라 해도 기름 성분이 포함된 보습제인 것은 변함없는 사실이기 때문에 저는 아무것도 바르지 말라고 강조합니다. 제가 운영하는 육아 카페 안아키에서는 제 말대로 로션을 끊고, 연고를 끊은 뒤에 저절로 피부가 좋아졌다는 아이들이 많습니다.

여러분에게는 생소한 이름이겠지만, 로션형 아토피라는 병이 아주 많은데 그런 아이들은 로션을 끊는 것만으로도 아토피가 저절로 낫습니다.

그동안 로션과 보습제에 길들여진 피부를 가진 아이가 갑자기 로션을 끊으면 당연히 금단현상이 나타납니다. 극도로 건조해지는 것이죠. 하지만 그것은 일시적인 현상일 뿐, 곧 자연적인 보습력을 획득하고 피부는 저절로 치료됩니다.

긁어서 상처가 나기 때문에
못 긁게 해야 한다고 합니다

엄마 아빠는 물론 할머니 할아버지까지 나서서 교대 근무하듯 아이가 못 긁게 손을 붙잡고 관리합니다. 하지만 잠깐 졸거나 화장실 다녀온 사이에 아이가 긁어서 피가 나고 진물이 나면 허망하기 이를 데 없죠.

손에는 손싸개를 해놓고 팔은 구부리기 어렵도록 온갖 장치를 고안해서 활용합니다. 그래도 안쓰러우면 아이가 긁지 못하게 엄마 아빠가 대신 가볍게 쓸어주며 밤을 새웁니다.

정말로 긁으면 더 악화될까요? 입장을 바꿔놓고 생각해보죠. 어른인 우리도 가려움은 참기 힘듭니다. 아픈 것은 참을 수 있어도 가려운 것은 참을 수 없기 때문에 가려운데 못 긁게 하는 것은 고문이나 마찬가지라고 생각합니다.

그런데 하루 종일 미칠 듯이 가려운 아이에게 긁지 말라고 하는 것은 어떨까요? 하루 종일 스트레스를 주는 일이 됩니다. 심각한 스트레스를 받으면 면역력이 저하되고 식욕이 떨어집니다. 성격이 예민해지고 신경질이 늘어납니다.

실제로 아토피를 앓는 아이들 중에 가려움으로 인한 수면 장애와 식욕 저하로 인한 성장 지연 때문에 문제가 생기는 경우가 적지 않습니다. 이 모든 문제가 아토피보다 가벼운 것일까요? 그리고 정말로 아토피는 긁으면 더 악화될까요?

　저는 그냥 긁게 두라고 합니다. 긁어서 피가 나도 개의치 말라고 합니다. 왜냐하면 긁어서 피가 나는 자리가 더 빨리, 더 쉽게 낫기 때문입니다.

　긁어서 상처가 나면 감염이 심해지지 않느냐고 반문하는 분들이 있는데 실제로는 감염이 잘 일어나지 않습니다. 왜냐하면 감염은 병원균이 내 몸속에 들어왔을 때 발생하는 것인데, 피가 나고 진물이 나는 것은 몸속으로 들어오는 작용이 아니라 몸 밖으로 나가는 작용이기 때문에 오히려 감염이 줄어듭니다.

　감염이라고 하면 대표적으로 농가진(膿痂疹, 2차감염이라고도 부르는 데 급속히 전신으로 고름이 찬 발진이 형성되는 증상)이 있죠? 농가진이 일어났을 때 어떻게 대처하느냐에 따라 아토피는 더 빨리 낫기도 합니다.

　농가진이 발생하면 고열과 함께 온몸에 농이 잡히고 가려움에 통증까지 더해지는 극단적인 상황이 일어납니다. 병원에 가면 고단위 항생제와 해열제, 소염제를 거의 폭탄 수준으로 투여합니다. 그리고 며칠간의 입원으로 농가진이 진정되겠지만 피부는 검은 색소성 흉터가 남고 연고로 인해 두꺼운 태선화 변질이 일어납니다. 농가진은 잡았지만 뒤탈이 더 커지는 것이죠.

　하지만 대변을 원활하게 소통시키고, 해열제가 아닌 대소변의 배출로 열을 해결할 경우 농가진은 하루 이틀 만에 자연해열과 함께 진정되고 고름주머니도 가라앉으면서 수두처럼 딱지가 앉습니다.

그리고 아토피는 빠르게 치료되기 시작합니다.

긁어서 피가 나면 그 자리로 더 많은 독소가 배출되기 쉬워집니다. 그리고 실컷 긁어서 시원해지면 아이는 잠도 더 잘 자고 밥도 더 잘 먹고 면역력도 더 좋아져서 아토피의 호전은 물론 몸 전체에 힘이 생깁니다.

아토피엔 목욕을 자제하고 비누를 쓰지 말아야 한다고 합니다

물기가 마르면서 피부는 더 건조해지므로 목욕을 자제하고, 피부의 기름기를 없애는 계면활성제 때문에 비누 사용을 극도로 자제해야 한다고 말합니다.

얼핏 들으면 그럴싸하지만, 앞뒤가 전혀 맞지 않는 어불성설에 불과합니다. 보습을 강조하며 날마다 로션을 바르고 또 바르면서 로션의 기름기는 어쩌라고 비누를 사용하지 않나요?

또 로션에는 계면활성제가 없다고 생각하나요? 로션을 4~5회 바르면 물비누를 한 번 바른 것만큼의 계면활성제가 축적됩니다.

비누는 물로 씻어내기라도 하니까 계면활성제의 축적은 덜 걱정됩니다만, 로션을 바르고 씻지도 않으니 그 축적이 어느 정도일 것 같습니까?

보습을 강조하며 비누 사용을 피하라고 하는 피부과 의사 선생님들은 화장품에 대해 단 한 시간도 학과 중에 배운 적이 없는 분들입니다. 설령 화장품에 특별히 관심이 있어 따로 배웠다 해도 그분들이 배운 곳은 피부관리사를 양성하는 사설 학원을 통해서입니다. 피부관리사 양성 학원에서는 화장품 예찬론만 가르칠 뿐 화장품의 진실에 대해서는 한마디도 하지 않습니다. 피부과 전문의 수련 과정에도 화장품을 공부하는 과정은 전혀 없습니다.

현실이 이런데도 피부과 의사 선생님 말씀은 무조건 전문가의 말로 착각하고, 그들이 하라는 대로 열심히 하게 되는 것입니다.

피부는 기본적으로 깨끗해야 합니다. 하지만 그 깨끗함 속에 소독이라는 개념은 들어 있지 않습니다. 왜냐하면 피부에는 대장만큼이나 많은 피부상재균들이 우리를 지키며 공생하고 있기 때문입니다. 피부에서 모든 공생균을 다 제거해버리면 우리는 금방 습진에 걸리고 각종 바이러스성 질환에 걸릴 겁니다.

또 우리가 사는 세상은 알게 모르게 엄청난 화학 분진으로 뒤덮여 있습니다. 길거리에만 나가도 자동차에서 나온 연소 찌꺼기들로 가득한 공기를 만나게 되고, 대형 마트나 백화점만 가도 온갖 화공 약품으로 만들어진 인공향 입자들로 공기 중에는 화학 분진이 떠다닙니다. 로션을 촉촉하게 바르고 다니면 이런 화학 분진은 더 많이 들러붙겠죠?

그런데 비누를 사용하지 않는다면 어떻게 될까요? 피부는 화공 약품으로 인해 허물어집니다.

 피부상재균은 화공 약품에 떠밀려 점차 사멸됩니다. 내 피부를 지켜줄 방어군은 죽어가고 화공 약품 찌꺼기는 계속 쌓이고…….

 그런데 목욕도 자제하고 비누를 금하라고요? 이런 말도 안 되는 상황에 여러분은 동의합니까? 그래서 저는 비누를 사용하되 피부상재균을 죽이지 않는 순한 비누를 쓰고, 목욕도 하루에 여러 번 할 정도로 지나치게 자주 하는 것이 아니라면 세심히 잘하라고 합니다.

 이 세 가지만 살펴봐도 아토피에 좋다는 세간의 상식이 모두 엉터리라는 것을 이해했을 겁니다. 또 이 세 가지만 바꿔도 피부가 덜 힘들 것이라는 점도 이해했을 겁니다. 그렇다면 아토피의 치료는 이제 바뀌어야겠죠?

제3장

아프면서 자라는 아이들

열은 저절로 내릴 때까지 기다리는 것입니다

 열에 대한 결론부터 말씀드리자면 열은 해열해야 한다고 생각하면 안 됩니다. 열이 난다는 것은 몸공부 중이라는 신호이기 때문에 공부를 방해하면 안 됩니다. 그러므로 열은 내리려 할 것이 아니라 저절로 내릴 때까지 안전하게 조치를 취하면서 기다려주는 것입니다. 그렇다면 안전하게 조치를 취한다는 것이 무슨 의미인지만 알면 되겠죠?

 우리 몸은 머리만 빼고는 열이 난다고 해서 특별히 문제가 발생하는 것이 아닙니다. 머리는 일종의 컴퓨터 같은 것이어서 하드웨어뿐 아니라 소프트웨어까지 있기 때문에 열이 많이 발생하면 데이터나 시스템에 에러가 나게 됩니다. 그래서 머리에 열나는 것을 겁내는 것이죠. 40도가 넘으면 뇌에 이상이 온다는 말도 이 때문에 생긴 것입니다.

 머리를 제외한 몸 전체에 열이 나는 것이 무서운 일이라면 누가 사우나를 가고 찜질방에 가겠습니까. 또 운동을 하면 열이 나고 열이 해소되는 방법으로 땀도 나고 그럽니다.

감기에 걸렸을 때 열이 나는 것은 바이러스와 싸우고 있기 때문입니다. 염증이 생겼을 때 열이 나지 않으면 치료도 안 되고 살이 문드러집니다. 욕창의 경우 상처는 심각한데도 불구하고 열이 거의 발생하지 않습니다. 그 때문에 치료가 잘 안 되고 살이 헐게 되죠.

암 환자들도 열이 잘 나지 않습니다. 기본 체력이 소모된 사람은 열을 발생시키지 못하죠. 이런 이유로 필요한 경우에 열이 나야 안심할 수 있습니다.

결론은 필요할 때 열은 반드시 나야 하며, 열이 나지 않는 게 더 위험하다는 것입니다. 그러니 우리가 관심을 두어야 할 점은 어떻게 해야 몸에 열이 계속 나도 머리는 열을 받지 않을 것인가 하는 것입니다.

진정한 해열은 컴퓨터에 열이 난다고 갑자기 전원을 꺼버리는 것이 아니라 컴퓨터가 열을 잘 방출할 수 있도록 구조를 개선하거나 위치를 바꾸는 것이듯 우리 몸의 해열도 그렇게 되어야 합니다. 해열제를 먹이는 것은 컴퓨터에 열이 난다고 갑자기 스위치를 내리거나 전원을 뽑아버리는 행동과 같습니다. 그러면 컴퓨터는 '뻑난다'고 하죠? 고장이 날 수 있고, 그 위험은 시스템 자체에 영향을 미치는 경우가 많습니다.

실제로 저는 강한 해열 치료로 인해 뇌에 손상이 온 경우를 자주 봤습니다. 그래서 이런 원리를 모르는 분들은 열을 겁내지만 저는 해열제를 더 무서워합니다. 열이 심할수록 해열은 천천히 부드럽게 진행되어야 합니다. 고열에 강한 해열제는 무서운 독약과 같습니다.

또 하나 알아둬야 할 것이 자주 해열제를 사용하면 우리 몸의 면역 체계가 해열제에 내성을 가지게 된다는 사실입니다. 바이러스와 싸우는 중에 갑자기 해열제라는 놈이 들어와서 확 주저앉히니 전투를 제대로 수행할 수 없습니다. 그러면 면역계는 이렇게 받아들입니다. '아, 이 정도 설쳐서는 작업을 할 수가 없구나. 다음에는 더 열심히 해야겠다.' 그다음부터는 열이 더 많이 나게 됩니다. 처음에는 38도까지 열이 나던 아이가 그다음에는 39도, 40도를 넘나드는 이유가 바로 강력하고 효과가 빠른 해열제를 사용했기 때문이라는 말입니다.

처음에는 물수건으로 닦기만 하는 방법이 빠른 효과를 내지 못할 수도 있습니다. 왜냐하면 아이가 바이러스와 싸우는 데 익숙지 않아 시간이 좀 더 걸릴 수 있으니까요. 하지만 두어 번 해본 뒤에는 빨리 끝낼 줄 압니다. 체력이 떨어진 아이는 해열만 해줘선 그 전투가 승리로 끝나지 않을 때도 있으니 소화하기 좋은 죽이나 따뜻한 차를 계속 조금씩 공급하는 것도 도움이 됩니다.

이 정도만 알아도 아이들 감기는 약을 먹이거나 병원에 가야 할 질환이 아닌 것이죠. 또 중이염이나 비염으로 발전하지도 않고, 장염으로 발전하는 경우도 거의 없습니다. 해열제의 지나친 사용은 엄마가 맘 편하려고 먹이는 것일 뿐, 아이의 면역계를 성장시키는 데는 오히려 나쁩니다. 진정으로 아이를 건강하게 키우는 엄마가 되려면 반드시 자연해열법을 익혀야 합니다.

다음은 그냥 내버려두고 자연스럽게 해열되기를 기다리기보다는 엄마가 해열 과정을 도와주어야 할 증상들입니다.

- 입이 자꾸 마른다.
- 아이가 뛰어놀지 않고 자꾸 자려 한다.
- 외관상 몸이 붓는다.
- 변을 못 본다. 변비가 심하면서 열이 난다.
- 소변이 나오지 않거나 소변 보는 일을 힘들어 한다.
- 열이 나는데 땀은 전혀 나지 않는다.
- 열이 자꾸만 계속해서 올라간다.
- 열이 올랐다 내렸다를 반복하다가 어느 순간부터 계속 오르면서 내리지 않는다.
- 갑자기 기침이 심해지면서 열이 오른다.
- 손발은 싸늘한데 머리에서만 열이 난다.
- 귀가 아프다고 하거나 갑자기 뭣에 찔린 듯이 운다.

이럴 때는 엄마가 자연해열법으로 아이를 도와주세요. 자연해열법은 어떤 것이 있는지 지금부터 알려드리겠습니다.

자연해열법은 열 재기부터 전체적으로 섬세하기 때문에 유의해서 잘 따라 해야 합니다.

요즘은 대부분 원적외선 체온계로 열을 재죠. 하지만 그렇게 확인하는 열은 피부 온도만 확인하는 데 불과해서 물수건으로 한 번 스윽 닦고 재보면 거짓말처럼 뚝 떨어집니다. 그러므로 정확한 열을 확인하기 위해서는 다음과 같이 해보세요.

- 열나는 부위에 입술을 대본다.
- 손바닥 전체로 꼬옥~ 잡아본다.

입술을 대보면 체온의 차이를 가장 빨리 알 수 있습니다. 입술로 전해오는 온도가 입술보다 뜨거우면 열이 나는 것이고, 입술보다 뜨겁지 않으면 열이 없는 겁니다. 입술과 비슷하면 미열이고요.

열나는 부위를 손바닥 전체로 꼬옥~ 잡으면 열감이 안팎으로 다르게 느껴집니다. 겉에만 열이 있는 경우엔 처음 잡았을 때보다 꼬옥~ 잡고 있는 동안 열감이 떨어집니다. 속열이 있으면 잡고 있는 동안 더 뜨겁게 느껴집니다. 체온계로만 재는 열은 이처럼 디테일하지 못하므로 한 군데서만 재면 안 되고 여러 군데 확인해야 합니다.

- 이마를 만져봅니다.
- 손발을 만져봅니다.
- 배와 등을 만져봅니다.

이마를 만져보는 것은 가장 기본적인 열 측정 부위를 살피는 것입니다. 열이라는 것은 원래 성질이 위로 가기 때문에 몸에 열이 난다면 이마부터 시작됩니다. 피부의 특정 부위에만 열이 날 때는 그 부위에 염증이 생겼거나 벌레에 물렸을 때, 알레르기 증상이 일어났을 때와 같이 국부적인 원인에 의한 경우이므로 대처법이 각기 다르지만 기본적으로 열과 관련된 몸의 질환이나 증상이 나타날 때 이마는 빼놓을 수 없는 곳입니다.

손발을 만져보는 것은 온몸에서 열이 발생하고 있는지를 확인하기 위한 방법입니다. 이마에서부터 손발까지 모두 열이 난다면 지금 진행 중인 열이라는 뜻입니다. 온몸에서 열을 내는 이유가 몸에 있다는 뜻입니다.

또한 열이 온몸으로 흐르고 있다는 뜻입니다. 몸속을 흐르는 열이 갇히면 폭탄이 되겠죠? 하지만 몸속을 흐르면 그냥 열일 뿐입니다. 흐르는 것은 다 멈춥니다. 따라서 겁낼 것은 없다는 의미입니다. 샘처럼 열이 계속 솟아오르지 않도록 근본적인 문제를 찾아 해결해주거나 계속 열이 흘러나와도 신경이 데어 상하지 않도록 조치해주면 됩니다.

이마에는 열이 나는데 손발은 차갑다면 열이 손발로 흐르지 않고 몸통에 갇혀 있다는 뜻이 됩니다. 이건 나쁩니다. 열이 흐르지 않으면 갇히고, 그럼 폭탄이 되죠? 그럼 어딘가로 열이 터져 나올 때 손상이 클 수 있다는 의미이므로 이때는 열을 내리는 것보다 빨리 열이 빠져나올 수 있는 구멍을 만들어야 합니다.

손발이 찬 것은 소화 장애가 있거나 급체했을 때 보이는 증상입니다. 체하면 기의 운행이 안 되기 때문에 손발이 차면서 몸에 열이 갇히고 그로 인해 이마에 열이 날 수 있습니다. 단순 체증이라면 열은 미약하면서 손발이 찹니다. 열병이 발생했는데 체한 증상이 겹쳤다면 손발이 차면서 이마는 뜨겁습니다.

배와 등은 전신형 열인지 국부성 열인지를 구분 짓는 기준입니다. 전신형이라면 배와 등이 무조건 뜨겁습니다. 국부성 열이라면 배와 등은 보통 체온입니다. 체온계에 나타나는 온도만 보고 고열인지 미열인지를 판단하기보다는 배와 등을 만져보고 근원적인 열병인지 아닌지를 판단하는 것이 좋습니다.

여러 가지 자연해열법

물수건으로 닦아주기

감기에 걸려 열이 날 때 주로 쓰는 방법입니다. 전체적으로 열이 나든 안 나든 머리 쪽에 열이 있으면 목부터 이마까지 세심하게 닦아줍니다. 이때 물수건의 역할은 물을 묻혀주는 것입니다. 묻은 물이 열 때문에 날아가면서 기화열을 빼앗아가므로 차가워집니다. 몸은 모포로 잘 감싸서 바람이 들지 않도록 해줍니다.

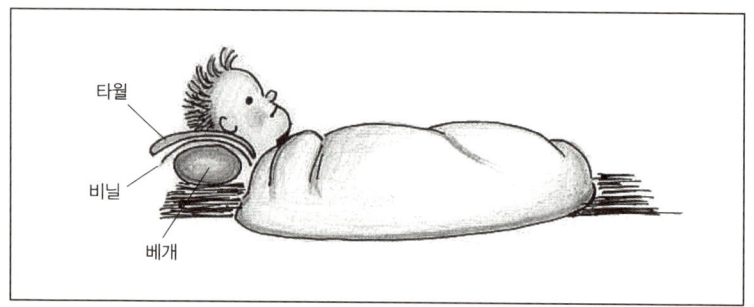

자연해열시 비닐과 타월을 베개에 깔면 편하다.

열이 완전히 식을 때까지 계속해주는데 처음에는 5~6시간이 소요되지만 두 번째는 3~4시간, 세 번째는 그냥 관찰만 하다가 끝나는 경우가 대부분입니다. 비닐과 타월을 베개에 까는 이유는 물수건으로 계속 닦다 보면 젖어서 오한을 느낄 수도 있고 옷을 자주 갈아 입히기가 불편하기 때문입니다.

샤워기로 뒤통수에 물 흘리기

코가 막히거나 귀가 아프다고 울 때(비염, 중이염) 쓰는 방법입니다. 엄마가 쪼그려 앉은 채 무릎에 받쳐 아이를 가슴에 감싸 안고 한 손으로 머리를 받치고 한 손으로 샤워기를 조절합니다.

뒤통수에만 물이 흐르게 하면 됩니다. 1분이면 충분합니다. 물줄기가 아이의 귀에 들어가지 않도록 샤워기의 방향과 흐르는 물의 양을 잘 조절합니다.

아이가 설치는 나이여서 가만히 눕혀두고 물수건으로 닦거나 물수건을 올려두기 어려울 때는 약국에 파는 쿨패드나 쿨시트를 활용하면 편리합니다.

주무르기

손발이 싸늘하고 머리로만 열이 몰릴 때 쓰는 방법입니다.

아이가 누운 옆구리 쪽에 자리를 잡고 앉아 배를 가볍게 밀듯이 흔들어주거나 주무르고 팔다리를 계속 주무릅니다. 사지로 기운이 잘 돌면 열이 머리로 쏠리지 않기 때문에 서서히 가라앉습니다.

샛강이 여기저기 다 막히면 큰물에 홍수가 나죠.

열도 물의 흐름처럼 흐르는 것이어서 샛강이 막히면 큰 강이 범람해서 고열이 되고 경기를 하게 됩니다. 팔다리를 주무르는 것은 열의 흐름에서 샛강을 살리는 것과 같은 작용을 합니다.

각탕하기

열이 38.5도를 넘지 않으면서 아이가 잘 놀고 밥을 거부하지 않을 때 손쉽게 땀을 내는 방법입니다. 단, 아이에게 변비가 있거나 고열이면 역효과를 낼 수도 있습니다. 그러니 39도를 넘나들 때는 물수건으로 닦아주는 게 더 나은 방법입니다.

각탕을 할 때도 머리에는 찬 물수건을 올려두고 배에는 따뜻한 찜질 팩을 두면 더 빠르고 효과적입니다. 짧은 시간에 힘이 덜 빠지면서 땀이 나게 하는 방법입니다. 각탕을 할 때는 물그릇과 아이의 몸

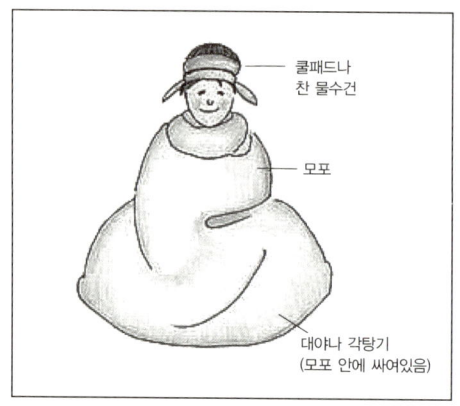

전체를 모포 하나로 감싸는 것이 빠른 효과를 냅니다.

각냉탕하기

찬물에 발목을 담그면 위로 쏠렸던 울기와 울열(기와 열이 몰린 것)이 빠르게 하강하는 효과가 있습니다.

땀을 내서 열을 내리는 것도 좋지만 아이가 오랜 발열로 지쳐 있거나 급하게 열을 조금이라도 내려야 하는데 해독 생장을 할 수 없을 때 활용하는 방법입니다.

피마자유 먹이기

한 시간에 한 스푼 정도씩 계속 먹이면 3~4시간 뒤에 열이 내립니다. 설사를 할 수도 있고 안 할 수도 있습니다.

설사를 하면 열이 완전히 해소된 것으로 볼 수 있습니다. 변비가 있거나 과식으로 열이 심할 때 효과적입니다.

해독 생장 또는 관장법

급성 알레르기성 발열, 두드러기, 전신 고열, 농가진 등 모든 고열에 효과적입니다. 열성 경기에도 빠른 효과가 있습니다.

특히 배변이 막혀 있으면서 고열이 계속될 때는 해독 생기요법이 아니라 하더라도 약국에서 파는 관장약을 이용해 급하게 배변을 유도해야 합니다.

비염과 중이염의
간단 대처법

 비염과 중이염은 서로 다른 질환 같지만 따지고 보면 동일한 부위의 병이라고 볼 수 있습니다. 구조적으로 눈·코·귀·입이 모두 비강을 중심으로 모여들면서 연결되어 있기 때문입니다.
 눈물을 흘리면 콧물도 함께 흐르죠? 콧물이 나와서 훌쩍 들이마시면 콧물이 입안으로 들어오죠? 코를 세게 풀면 귀가 멍해지죠? 코를 중심으로 모여드는 구조라는 것이 무슨 말인지 이제 이해되나요? 한마디로 한통속이라는 말입니다.
 비염이 나았나 싶었더니 중이염이 오고, 중이염이 나았나 싶었더니 비염이 오더라는 말 자주 하죠? 계속 이어지는 것은 병이 나은 게 아니라는 말입니다.
 코만 완전히 해결되면 눈·귀·입은 한꺼번에 호전됩니다. 그래서 저는 무조건 코만 치료하라고 말합니다. 현재 비염이 아닌 중이염이라 해도 코만 뚫리고 컨디션이 좋으면 결국 다 해결된다고 말합니다.

그래서 여러분에게 코를 어떻게 해결할 것인지 도와주는 방법을 소개합니다. 소개한다고 무작정 따라 하지 말고 일단 아이의 전반적인 몸 상태를 살펴보세요.

그럼 살피고 판단하는 기준부터 알아본 다음에 자연치유를 돕는 방법을 따라 해보세요.

대소변에 문제가 있는지 없는지를 살펴봅니다

대소변에 문제가 있고 가정에서 해결할 수 없다면 병원에 가야 합니다. 하지만 물을 좀 더 마시게 하는 것만으로 변비의 해결이 가능하다면, 배 마사지 정도로 해결 가능하다면 코나 호흡기보다 먼저 이 문제를 해결해야 합니다.

왜냐하면 대소변은 우리 몸의 가장 큰 배출구인데 큰 배출구가 막힌 상태에서 코라는 작은 배출구를 뚫는다는 것은 의미 없는 일이 되기 때문입니다.

배 마사지의 경우, 배에 가스가 찰 때는 시계 반대 방향으로, 배변을 필요로 할 때는 시계 방향으로 문질러주세요.

물은 정수기 물이든 뭐든 끓여 먹이고, 보리차나 숭늉을 만들어 마시게 하면 좋습니다.

아이가 식욕이 좋은지 나쁜지를 관찰합니다

식욕은 체력을 좌우합니다. 평소 식욕이 극도로 저하된 아이라면 자연치유가 어렵습니다. 차라리 그냥 두고 밥을 잘 먹도록 하는 데만 신경을 쓰든지 아니면 보약을 먹여가면서 코를 치료하든지 둘 중 하나를 선택해야 합니다.

입을 벌리고 자는지 닫고 자는지를 살펴보세요

코가 완전히 막히면 입을 벌리고 자게 됩니다. 물론 짜증을 내기 일쑤라 밤에 못 자고 계속 깨기도 합니다.

입을 벌리고 자는 아이는 일단 방의 온습도를 잘 조절해줘야 호흡기의 부담이 적습니다. 방 안의 온습도는 25도 내외 60% 이상이면 적절합니다.

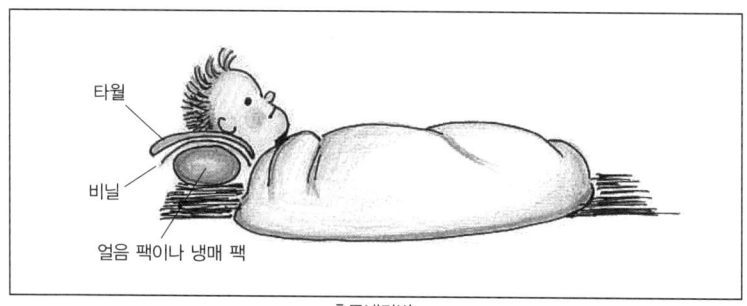

후두냉각법.

온습도를 맞추어주었는데도 입을 벌리고 잔다면 후두를 차게 해주세요. 후두냉각법은 다양한 도구와 방법이 있으니 아이에게 가장 적절한 것을 선택하시면 됩니다.

후두냉각법

앞 그림처럼 비닐 대신 찬 얼음 팩을 받쳐주면 됩니다. 1분 정도면 코가 뚫리는 효과를 느낄 수 있습니다.

가만히 누워 있지 못하는 아이라면 뒤통수에서 머리카락이 시작되는 부분에만 샤워기로 찬물을 1분 정도 흘려주면 됩니다.

이때 찬물이 목을 타고 옷 속으로 들어가지 않도록 적절한 자세를 취해야 합니다. 엄마는 쪼그려 앉은 상태에서 무릎에 받쳐 아이를 가슴에 감싸 안고 한 손으로 머리를 받치고 한 손으로 샤워기를 조절합니다. 뒤통수에만 물이 흐르도록 하면 됩니다. 1분이면 충분합니다.

물줄기가 아이의 귀에 들어가지 않도록 샤워기 방향과 흐르는 물의 양을 잘 조절합니다.

이런 자세가 어려우면 샴푸 모자 같은 것을 활용해도 좋습니다.

코가 꽉 막혔다면 잘 살펴서 풀어도 나오지 않는 코인지 풀면 나오는 코인지 구분해야 합니다. 풀어서 나오는 코라면 비강 세척까지 할 필요는 없습니다. 하지만 풀어도 나오지 않는 코라면 비강 세척은 필수입니다.

비강 세척법

끝이 뾰족하거나 긴 플라스틱 병을 하나 구해서 생리식염수를 넣은 뒤 코에 대고 한두 방울만 흘려 넣어줍니다. 그러면 그 물이 입속으로 흘러나옵니다. 그때

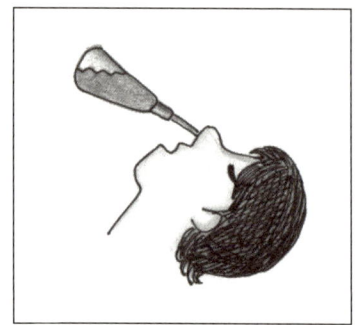

뱉어내고 코를 풀면 끝입니다. 매일 한 번씩 해주면 됩니다.

비강 세척을 힘들고 어렵게 생각하시는 분들이 있는데 그냥 콧속에 식염수 한 방울 흘려주면 끝입니다. 그 식염수가 입으로 나오든 코로 나오든 아무 문제가 되지 않습니다.

비강 세척은 '뺑코'와는 다릅니다. 비강 점막을 조금 도와주고 조금 씻어주는 것이므로 큰 자극이 되지 않습니다만 그래도 너무 여러 번 하게 되면 비강 점액질의 농도를 변화시키기 때문에 역시 자극이 됩니다. 따라서 하루 한두 번이 적당합니다.

알레르기 비염인지 단순 코감기인지 살펴보세요

알레르기 비염은 알레르기 결막염, 알레르기 천식 등과 같은 병명으로 보아도 됩니다.

코는 눈·입·귀와 모두 연결되어 있는 교차로 같은 곳입니다. 교

차로를 막고 있던 찌꺼기가 이쪽 길로 밀려서 막히느냐 저쪽 길로 밀려서 막히느냐의 차이뿐입니다. 어떤 아이는 눈물길을 막아 결막염이 되고, 어떤 아이는 귀로 가서 중이염이 되고, 또 어떤 아이는 코에서 비염이 되는 차이밖에 없습니다.

약물로 해결하려 하다 보면 귀에서 생긴 병을 치료하려고 먹은 약이 귀는 치료하지만 콧병을 만듭니다. 콧병을 치료한다고 약을 먹이면 코는 뚫리는데 귀나 눈에 병이 납니다. 이런 돌려막기식 치료는 눈·코·입 모두를 약하게 만들고 만성병을 만듭니다. 그러므로 이 모든 것을 교차로인 코에서 한번에 치료하는 것이 빠르고 적절합니다. 이런 사실을 모르고 치료약을 먹이면서 돌려막기식 치료를 하다 보면 면역계가 지쳐서 알레르기가 됩니다.

알레르기의 특징은 간질거림입니다. 코가 막힌 아이는 콧물을 흘리면서 눈을 비빕니다. 또 귀도 후빌 듯이 자꾸 손을 댑니다. 기침보다는 재채기에 가까운 양상을 보이면서 콧물도 함께 흐릅니다. 이런 것은 알레르기 비염이어서 단순 비염과는 다릅니다.

알레르기 비염은 면역계 질환이기 때문에 코만 치료해서는 이내 재발하기 일쑤입니다. 알레르기 비염이라면 증상이 심하든 심하지 않든 지속적으로 관리해줘야 합니다.

해독을 하고 알레르기 한약을 먹일 것을 권하는 경우는 4~5세를 넘었을 때입니다. 그 이전 아기들은 대부분 한약 복용 없이 해독을 권하거나 지속적인 가정관리법을 권합니다.

알레르기 비염에 대한 가정관리법은 체온을 올리고 식욕을 증가시키는 것입니다. 경우에 따라 비강 세척이나 후두냉각을 그때그때 응용할 수 있지만 근본 치료는 체력 기르기와 면역력 돕기입니다.

지금 당장 벗겨 재우기를 해야 합니다. 벗겨 재우기는 체온을 스스로 올리도록 자극하는 것입니다. 그래서 엄마들이 생각하듯 춥고 감기에 걸리는 방식이 아닙니다. 의문스럽거나 불안하면 엄마 아빠가 먼저 옷을 벗고 자보세요.

그다음에는 각탕을 자주 할 것을 권합니다. 이때 적절한 각탕법은 아래와 같습니다.

38도 이상 40도 사이 온도의 따뜻한 물에 발을 담그고 모포로 감싸지 않습니다. 10분 정도 유지합니다. 그러면 땀이 나지 않고 살짝 더운 느낌만 듭니다. 땀이 나도 송골송골 맺히는 정도가 아니고 그냥 약간 촉촉한 정도입니다. 그러면 그대로 물기만 닦고 나오면 됩니다. 가능하다면 매일 이렇게 해주는 것이 좋습니다.

기침이 심하다면 더운 김쐬기를 해주세요

감기 부분에서 설명드렸듯이 호흡기는 차갑고 건조한 공기를 싫어합니다. 그런데 기침을 한다는 것은 호흡기가 약해졌다는 걸 의미하죠. 그러니 무리한 일을 시키지 않고 폐와 기관지가 쉬도록 도와줘야 합니다.

　호흡기가 해야 할 일을 줄이는 것이 돕는 방법이죠. 그래서 더운 김쐬기를 하면 기침이 줄어들고 호흡기가 편해집니다.

　호흡의 문제라 시간이 정해져 있진 않습니다. 오래 할수록 더 많이 쉬게 됩니다. 그래서 찜질방 가라는 말을 자주 합니다.

　하지만 기침과 함께 목이 따갑고 컹컹~ 울리는 기침을 한다면 일단은 약을 쓰든 뭘 하든 치료하는 것이 좋습니다. 도와줘서 회복할 힘이 있는 경우와 도와줘도 스스로 해결하기 힘든 경우의 차이가 있는 것이죠.

　특히 밤에 기침을 많이 하는 아이라면 반드시 벗겨 재우고 방 안의 온도를 조금 높게 유지하는 것이 필요합니다. 가열식 가습기가 있다면 더더욱 좋은 조건이 됩니다.

　그리고 배를 따뜻하게 할 수 있는 것은 무엇이든 사용하세요. 제 경우엔 사람의 손이 배에 닿으니 참 따뜻하고 좋은 것 같았습니다.

가래가 심하다면 소화기를 살피세요

　원리 설명은 다음에 하기로 하고, 가래는 소화를 도우면 좋아진다고 외우세요. 당장 소화기를 치료하기 어렵다면 일단 소화제라도 먹이세요. 소화제를 먹여가면서라도 체력이 떨어지지 않게 해야 나을 수 있겠죠? 소화가 조금만 더 잘되어도 가래는 줄어듭니다.

당장은 소화제를 먹이면서라도 치료해야 하지만 근본적으로는 소화 기능을 조금 더 발달되도록 해야겠죠? 그러자면 발효식을 열심히 공부해서 먹이면 됩니다.

가장 간단한 발효식은 된장국입니다. 그다음으로는 각종 액종이 여기에 해당됩니다. 안아키스트들의 경험에 의하면, 새콤달콤한 현미 액종을 아이들이 가장 잘 먹는다고 합니다. 카페의 레시피를 참고하여 많이들 해 먹이면 좋을 겁니다.

자, 여기까지가 간단 치료법입니다. 잘 이해하고 순서대로 찾아서 하다 보면 엄마에게는 공부도 되고 아이는 약 없이 큰 호전을 보일 겁니다.

부디 잘 이해하여 사소한 변화에는 응용력도 발휘할 수 있기를 고대합니다.

편도선염의 가정요법

편도선에 염증이 생기면 열이 높아지기 때문에 엄마들 마음이 더 조급해지는 것 같습니다. 편도라는 조직은 원래 히터 같아서 열이 높은 것일 뿐입니다. 편도가 그렇게 열이 나고 붓지 않으면 폐는 병들기 쉬운 상태가 되므로 편도가 부었을 때는 편도를 걱정할 것이 아니라 편도선염 덕분에 폐가 병들지 않는구나 하고 안도해야 합니다.

그런데 병원에선 편도선염이 오면 소염제와 해열제를 처방하고 심지어 아이스크림이나 얼음을 먹이라고 권합니다. 그야말로 나무만 보고 숲은 보지 못한다는 격언의 대표적인 예입니다. 편도가 왜 붓게 되었는지, 편도가 부은 현재의 전반적인 몸 상태가 어떤지를 읽지 못하고 오로지 편도가 부었으니까 빨리 부기를 내리고 열을 떨어뜨려야 한다는 생각만 하기 때문입니다.

편도선염이 생겼을 때는 감기가 원인인 경우가 대부분입니다. 그런데 찬 것을 먹이면 감기가 더 심해지지 않을까요? 감기가 더 심해질 수밖에 없는 조건을 만들면 당장은 약의 힘으로 편도가 가라앉다 해도 다시 또 편도가 붓고 열이 날 것입니다. 안 되는 것을 약의 힘으로 억지로 해결하려 하면 약의 힘과 몸이 싸우기 때문에 아이는 더 힘이 빠지고, 힘이 빠지면 감기는 더 낫기 어렵습니다.

감기에 걸리면 제일 먼저 할 일이 휴식입니다. 제가 어렸을 때 감기에 걸리면 엄마는 뜨거운 죽 먹고 이불 덮고 푹 자면서 땀을 내라고 하셨습니다. 우리 집이 약국이었지만 엄마는 감기약을 주시는 일이 거의 없었습니다. 약국집 딸로 자랐어도 약을 먹은 기억이 극히 드문 것을 보면 우리 엄마는 약물 오남용을 하도록 만들지는 않으신 것 같습니다. 다른 집 엄마들도 아이가 감기에 걸리면 똑같이 더운 것 먹고 땀나게 자라고 하셨습니다.

몇 년 전 TV에서 방영된 〈감기〉라는 다큐멘터리에서도 미국과 유럽의 아이들은 감기에 걸리면 따뜻한 것을 먹고 집에서 쉰다고 답하는 반면, 우리나라 아이들은 병원에 간다, 약을 먹는다고 대답하는 것을 보았습니다. 아이들의 약물 오남용은 감기에서 시작되는 것 같습니다.

일반 감기에서도 이처럼 극명한 차이를 보이는데 열이 심하게 나는 편도선염에 대해선 더 말할 것이 없겠죠? 더 강한 소염제를 쓰고 더 많은 해열제를 더 자주 쓰라고 합니다. 이는 편도선염이 부은 원인인 감기는 보지 않고 편도선염만 본 결과입니다.

정석대로 숲을 보면서 나무 이야기를 하자면 편도선염은 바탕 질환이 되는 감기를 치료하는 방법대로 하면 됩니다. 거기에 특이 사항이라면 편도선염이 부으면 침을 삼킬 때마다 뜨끔거리고 아프기 때문에 밥을 먹기 힘듭니다. 젖먹이들은 젖도 빨려고 하지 않습니다. 배는 고프고 목은 아프고 계속 짜증을 내며 울어대기 때문에 육아를 하는 엄마 입장에선 다른 감기보다 더 힘이 들겠죠.

하지만 기본을 잊지 마세요. 앞에서 소개한 해열법을 반드시 확인하고 익히면 좋습니다. 그리고 좀 더 도움이 되는 방법을 추가하자면 방 안의 온도를 높이고 습도 역시 높여주세요. 공기가 마르고 차가울 때 편도선은 더욱 무리하기 때문입니다. 방 안의 온도는 24도 이상, 습도는 50% 이상이 좋습니다.

따뜻한 소금물로 자주 가글을 시키고 숯가루를 물 없이 그냥 침으로 녹여 삼키게 하고 누운 상태에서 종아리를 많이 주물러줍니다. 종아리는 한의학에서 말하는 방광 경락이 지나가는 자리입니다. 종아리를 많이 주무르면 소변으로 열이 많이 빠져나가기 때문에 편도선의 염증이 진정되는 효과가 있습니다.

더운물을 계속 마시게 하면서 종아리를 주물러주면 열이 소변을 통해 왕성하게 배출되기 때문에 좀 더 빨리 호전됩니다.

천식은
약으로는 치료할 수 없다

 엄마들이 크게 두려워하고 불안해하는 것 중 하나가 천식입니다. 천식은 간단히 말해서 약으로는 치료하지 못하지만 입으로는 치료할 수 있다고 하면 이해가 될까요?

 천식 환자가 올 때마다 저는 매번 길고 긴 스토리텔링을 시작합니다. 그리고 이해가 되었는지 묻고 이해되었다고 하면 집에 돌아가서 스스로 잘 치료하라고 말합니다. 제가 진료실에서 늘 하는 여러 가지 스토리텔링을 오늘은 글로 한번 옮겨보겠습니다.

 제가 본 가장 심각한 환자는 늘 기관지확장제(스프레이 형태로 입안에 넣어서 뿌리는 거 아시죠?) 들고 다니고, 밤에 잘 때는 누워서 못 자고 비스듬히 몸을 세운 채 기대어 자고, 그마저도 그냥 잠들지 못해서 산소호흡기까지 구입해 꽂고 자는 사람이었습니다. 그 사람은 당시 아이가 셋 있는 가장이었는데 공장에서 일하다 팔이 잘리는 바람에 충격으로 급성 천식이 왔습니다. 아마 너무 놀라 그렇게 된 듯싶습니다.

 너무 숨이 답답해 죽을 것 같다며 왕진 요청도 하고 그랬더랬습니다. 그래서 그 집에 가보니 산소호흡기를 갖다 두고 비스듬히 기대어 앉아 있더군요.

그 사람을 보면서 생각했습니다.

'아픈 건 참으라고 말이라도 하지만 숨을 제대로 못 쉬는 것은 참으라고도 못하고 어쩌지?'

그야말로 답이 없는 느낌이었습니다. 앞으로 이런 환자가 오면 어떤 조치를 해줘야 하나 고민도 되었습니다.

그런데 어느 날 우연히 한의원 밖을 보는데 그 환자가 멀쩡한 얼굴로 기관지확장제도 없이 경운기를 몰고 지나가고 있었습니다. 시골에서 살아본 사람들은 알겠지만 경운기는 일반 차와 달리 팔의 힘이 많이 들어가는 무거운 원동기입니다.

그런데 그 환자가, 자기 운신도 못하던 사람이 경운기를 몰고 지나가는 것이었습니다. 그래서 진료하다 말고 얼른 밖으로 뛰어나갔습니다.

"어떻게 되신 거예요?"

그 환자에게 전해 들은 말을 대략 옮기면 이렇습니다. 자신이 생각해보니 아이는 셋인데 아내가 애들 건사에 자기 병 치료에 너무 애만 먹고 자신은 아무 도움이 안 되는 것 같아 죽으려 했답니다. 워낙 숨이 찬 데다 산소호흡기 없이는 살 수 없는 상황이니 기관지확장제도 없이 산을 오르면 숨이 막혀 죽겠지 생각했답니다.

그래서 멀리 갈 것도 없고 자그만 동네 뒷산을 혼자 오르기 시작했다네요. 물론 산 초입부터 숨이 막혀 죽을 것 같았답니다. 하지만 어차피 죽자고 나선 길인데 싶어 계속 올라갔답니다. 그러다 어느 순간 숨이 막혀 기절을 했고요. 그 순간 산신령이 나타나 구해주었으면 전설이 되겠지만(?) 그런 일은 당연히 없었고요~ 정신이 들어 눈을 떠보니 자신이 살아 있더랍니다.

그래서 또 산을 올랐답니다. 몇 번을 기절하고, 또 헉헉대며 오르고……. 그렇게 며칠 지나다 보니 밥을 먹지 않아 어지럽고 힘은 빠지는데 호흡은 좋아지더랍니다. 그때부터 숨이 막혀도 무조건 참고 열심히 운동을 했답니다. 그러다 보니 약 안 쓰고 자연스럽게 점점 나아져서 결국 회복했다고 하더군요. 그 이야기를 처음 들었을 때는 희한한 경우이구나 생각했습니다.

한데 그전에 제가 누군가에게 폐암 치료로 고맙다는 인사를 들은 적이 있었거든요. 그분은 연세도 많은 할머니이셨는데 제가 개원하고 첫해인지라 뭘 잘 모를 때였습니다.

어느 날 자식 되는 분이 와서 자기 엄마가 폐암인데 무슨 방법이 없겠냐고 묻더군요. 그래서 제가 아는 충청도 깊은 산속에 있는 숯가마에서 난치병을 치료한 사람이 많다더라며 소개해드릴까 하고 물었습니다. 인연이 되어서인지 알려달라고 해서 알려드렸습니다. 그런데 진짜 거기를 가셨더라고요.

나중에 이야기 들으니 처음엔 사람 살리는 데가 아니라 죽이는 곳이구나 하셨답니다. 환자인데 뭐 하나 돌봐주는 것도 없고 배고프면 자기가 알아서 밭의 푸성귀 뽑아 먹어야 하고 일할 때 같이 일해야 하고 산에 가서도 같이 안 움직이면 혼자 있다 짐승한테 잡아먹힐 것 같고…….

당시에 그곳은 전기도 전화도 없었습니다. 제가 숯가루 받아 쓰던 곳인데 주문하려면 동네 이장님 댁에 전화를 걸어 그 집 주인에게 제게 전화해달라고 부탁해야 했습니다. 그런 오지에서 몇 달을 남의 도움 없이 산을 오르내리며 지내다 보니 약 한 봉지 안 쓰고 저절로 나았답니다.

최근 저희 한의원에 영유아 때부터 천식으로 고생하던 대학생 하나가 왔습니다. 천식 발작이 오면 바로 응급실행이고, 거기서 산소호흡기 달고 며칠 조리하면 또 나아져 퇴원해 생활하고…….

제가 그 학생에게 이런 이야기를 해주었습니다. 그러고는 죽을 것 같은 것과 죽는 것은 다르다고 말했습니다.

"죽을 것 같아야 낫는 거야. 힘들어도 차라리 죽자 하고 용기를 내봐. 내가 약으로는 치료 못하지만 네가 워낙 마른 상태고 계속 운동하는 것이 많이 힘드니까 보약으로 도와줄 수는 있어. 죽어라 운동하고, 집 안에 있을 때는 노래라도 불러서 숨차게 만들어봐. 어떻게든 숨차게 만들어야 기관지가 탄력이 생기고 확장되는 거야."

어느 날 천식 발작 때문에 한의원으로 왔습니다. 쌕쌕대는 숨소리가 곁에서 들어도 곧 죽을 것 같더군요. 침을 놓고 뜸을 해서 진정시켜주었습니다.

하지만 그때 이후 한 번도 천식 발작이 온 적이 없고, 학교 결석도 한 적이 없답니다. 처음 제게 왔을 때는 너무 잦은 천식 발작으로 휴학을 생각하는 중이었습니다.

제가 말하는 폐암이나 천식의 치료법, 이해가 가죠? 가벼운 천식도 심각한 천식도, 그리고 감기로 시작하는 호흡기 질환도 결국 폐가 스스로 숨 쉬는 것으로 치료한다고 봅니다.

아이가 천식이라는 진단을 받았을 때 가슴이 쿵 무너져 내리더라는 얘기를 자주 듣습니다. 엄마들도 저처럼 숨이 답답한 것은 참으라고 할 수도 없고, 숨이 막히면 그건 죽는다는 얘기다, 라고 여기는 것 같습니다. 그래서 다른 증상보다 더 불안감이 커지고 천식이라는 진단을 두려워하는 듯합니다.

물론 그동안 약을 오래 써왔다면 갑자기 혼자 적응하라고 하기가 어려울 수도 있습니다.

병원에서 천식으로 오래 치료한 사람의 경우, 천식 발작이 왔을 때 청색증이 오면서 정말로 숨이 넘어갈 것 같은 경우가 생기는 것을 봤습니다.

어려서부터 천식으로 계속 병원을 다니며 치료한 30대 환자를 꽤 오랫동안 한약과 침으로 치료한 적이 있습니다. 앞에서 예로 든 세 가지 경우와 차이가 있다면 장기적으로 약을 복용하고 병원 치료를 받았을 때 자연적인 치료가 더 어렵고 예후가 좋지만은 않을 수 있다는 사실입니다.

　이 책은 육아서인 만큼 어린아이를 둔 부모님들이 보겠죠? 그러니 지금부터라도 용기를 내보았으면 합니다. 지금 엄마 아빠가 아이 천식 소리에 불안해서 용기를 내지 못하면 아이는 평생 환자로 살게 됩니다.

　알레르기로 인한 호흡기 부종과 기도 폐색 같은 특이 사항이 아니라 그냥 천식이라면 햇빛 많이 쬐게 해주고, 바깥 놀이 많이 시키고 이 세상에 약은 없다고 생각하면 좋습니다. 그러면 아이는 건강해지고 평생 환자라는 명찰을 달지 않아도 됩니다.

　그리고 병원에서 천식 판정을 받고 제 진료실을 찾아온 아이들의 경우, 제 기준으로는 천식이라는 병명을 붙이기 어려운 경우도 많았습니다. 기침감기를 자주 하고 그러다 보니 오래 약을 먹이고 나중에 약이 잘 듣지 않으면 천식이라는 병명을 듣게 되는 것 같습니다. 기침을 자주 하고, 약으로 잘 치료되지 않는다면 그건 약물에 내성이 생긴 것이고, 계속 기침감기로 고생한다면 그건 기관지가 약한 아이가 면역력 저하로 만성 기관지 환자가 되어간다는 것이지 천식이라고 할 수는 없습니다.

　예로부터 노화로 인한 질환을 말할 때 대표적인 것이 해수 천식이었습니다. 천식은 정확히 기침이 주증상이 아니고 호흡곤란 또는 호흡 짧음이 주증상입니다. 청진 시 천명음이 계속 들리는 것도 중요한 확진 기준입니다.

그런데 노화는커녕 아직 다 자라지도 않은 아이들이 천식이라니 어울리지 않는 일입니다. 아이가 천식이라는 병명을 진단받았다면 혹 오진이거나 지나친 우려가 낳은 병명은 아닌지 엄마 아빠가 스스로 다시 한 번 자가진단을 해보기를 권합니다.

구토의 종류별 대처법

 구토를 하면 대부분 깜짝 놀랍니다. 왜 그럴까요? 입은 들어가는 곳이지 나오는 곳이 아니라고 생각하기 때문입니다.

 하지만 구토를 꼭 나쁘게만 생각할 일은 아닙니다. 목에 걸린 것은 밑으로 내리기보다 위로 올리는 게 더 간단하기 때문입니다. 때로 속이 더부룩하고 머리가 아프다가 구토를 하고 나면 진정되는 경험을 한 적이 있을 것입니다.

 구토 역시 막혔던 것이 통하는 하나의 방법입니다. 따라서 왜 구토를 했는지, 구토가 병의 시작인지 혹은 병의 해결인지 확인할 필요가 있습니다.

 그럼 구토가 병인지 해소인지 확인하는 것부터 한번 알아볼까요? 구토를 하고 나서 여러 가지 불편한 증상이 해소되었다면 그건 몸이 스스로 판단하여 선택한 해결법이었던 겁니다. 하지만 구토와 함께 더 힘이 빠지고 불편이 가중된다면, 구토를 하고 나서도 계속 구토가 난다면 그건 병적인 증상이겠죠.

그리고 엄마들이 가장 힘들어 하는 경우가 구토를 습관적으로 계속하는 바람에 물도 마실 수 없는 때입니다. 약을 먹여도 토하고, 물을 마셔도 토하니 탈수가 걱정되면서도 아무것도 해줄 수 없으니까 병원에 가서 수액이라도 맞혀야겠다는 결론을 내리게 됩니다. 자, 이런 난감한 경우들을 어떻게 이해하고 어떻게 대처하면 좋을지 한번 알아봅시다.

입맛이 없고 구토를 할 때

체했을 때 구토를 하면 저절로 낫습니다. 따라서 구토 후 진정되는지 살펴볼 필요가 있습니다.

열이 나면서 구토가 계속된다면 그때는 의료 기관을 찾는 것이 좋습니다.

그리고 구토한 후 안정된다 해도 쉽게 다 나았다고 단정하여 곧바로 음식물을 먹이면 안 됩니다. 가급적이면 하루 정도 죽을 먹이는 게 좋습니다.

매실 원액도 재발 방지와 빠른 안정에 도움이 됩니다. 한 번에 한두 스푼씩 미지근한 물에 타서 하루에 두 번 정도 먹이면 좋습니다.

물만 먹어도 구토를 하고, 약을 먹여도 구토가 진정되지 않을 때

이때는 습관성 구토에 해당되므로 병원이나 약은 무의미하고 가정 관리만이 치료법입니다. 간단히 말해서 이런 경우는 위장에 갑자기 저울이 들어 있다고 생각하면 됩니다. 무엇을 먹든 저울 위로 떨어지기 때문에 이때 기준이 되는 것은 무게입니다. 그것이 밥이냐 죽이냐 고기냐 물이냐가 중요한 것이 아니라 양이 어느 정도냐 하는 것입니다. 밥을 먹여도 한 숟가락만 먹이면 토하지 않는데 물을 먹이면 반 컵에도 토합니다. 물 반 컵과 밥 한 숟가락은 무게가 많이 차이 나죠. 그러니 위장 속의 저울이 밥 한 숟가락은 받아들이지만 물 반 컵은 무겁다고 생각해 튕겨내는 것입니다. 실제로 이런 경우 고기를 먹여도 양이 적을 땐 구토를 하지 않습니다.

이럴 경우엔 치료하는 데 사흘쯤 걸린다고 생각해야 합니다. 첫날은 5분 이상 간격으로 한 스푼의 밥 또는 물 4분의 1잔을 먹입니다. 음식 종류를 가릴 필요는 없지만 양은 아주 적게 조금씩 먹여야 합니다. 물론 전체적인 양도 평소 먹던 것보다는 적어야겠죠. 다음 날은 3분 내외의 간격으로 밥을 먹이되 첫날보다 두 배의 음식물을 먹일 수 있습니다. 셋째 날은 보통 먹던 것의 반이면 안정적입니다.

먹는 간격은 보통 때와 같이 해도 되지만 양을 잘 조절해서 한 번에 반을 넘지 않도록 해야 합니다. 이렇게 하면 4일째는 보통 때와 같이 먹여도 될 정도로 나아집니다.

　이런 경우 병원에 가면 아이는 계속 굶으면서 안정제를 투여받고 수액만으로 시간을 보내게 됩니다. 빈속에 약은 주사를 통해 계속 들어가고, 아이는 배고프다며 찡찡대고, 입맛은 떨어져서 단것만 찾게 되고……. 나중에 정상 입맛을 찾을 때까지 아이는 더 고생하고 시간은 더 오래 걸립니다.

고열이 나면서 구토를 할 때

　손발이 차고 머리에만 열이 나면서 구토를 할 때는 감기와 체증이 겹친 경우가 많습니다.

　이럴 때는 체증에 활용하는 혈자리를 사혈침으로 가볍게 따준 뒤 매실 원액을 조금 먹이고 감기에 해당되는 치료를 해줍니다. 그러면

구토시에 사혈침으로 자극을 줄 혈자리.

열이 점차 내리면서 구토도 가라앉습니다.

그러나 손발이 차지 않고 온몸이 뜨거우면서 구토를 한다면 구토 후 증상이 호전되는지 악화되는지 여부를 잘 살펴야 합니다. 호전된다면 그대로 지켜보아도 되지만 악화된다면 되도록 빨리 의료 기관을 방문하여 치료하는 것이 좋습니다.

감기로 인한 고열은 구토와 함께 열이 내리고 저절로 낫는 경우도 많습니다. 그러나 구토를 하고도 고열이 계속된다면 특정 바이러스에 의한 위험 증상일 수 있으므로 의료 기관을 찾는 것이 좋습니다.

평소 변비가 있으면서 구토를 하는 경우

입으로 먹은 음식은 아래로 소화되면서 내려간 뒤 찌꺼기는 대변으로 배출하는 것으로 마무리됩니다. 그런데 아이가 평소 변비로 고생하거나 최근 며칠 동안 배변에 문제가 있었다면 구토는 당연한 것입니다. 이때 배변을 원활하게 해주지 않으면 구토는 피하기 어려운 상황이 계속되는 것이죠. 어느 쪽이든 통해야지 전부 막히면 죽지 않겠습니까?

이는 대장으로의 소통이 원활하지 못할 때 위로라도 통하려고 하는 지극히 생리적인 선택일 뿐입니다. 이럴 때는 구토를 멈추게 하는 데 관심을 기울이기보다 변비의 원인을 찾아 변비를 해결하려고 애쓰는 것이 마땅합니다.

　급한 상황이라고 판단되면 관장부터 해보는 것이 현명한 방법입니다. 그리고 재발 방지를 위해서도 변비의 원인을 찾아 해결해야 합니다. 일단 물부터 많이 마시게 하고, 배도 흔들어주고, 장운동이 원활해지도록 살아 있는 유산균 식품도 먹이는 것이 좋겠죠.

난감한 복통, 어떻게 대처할까?

복통은 참 난감하죠. 열이 난다거나 구토를 한다거나 무언가 눈에 보이는 증상이 있으면 어떻게든 판단하겠지만 겉보기엔 아무 증상이 없는데 아이는 계속 아프다고 하니 보이지 않는 배 속을 상상해야 할 상황입니다.

상상을 하면 늘 제일 나쁜 것들이 떠오르겠죠? 의료 지식이 부족할수록 상상은 자신이 모르는 위험한 병이 아닐까 하는 쪽으로 가게 됩니다. 특히 가벼운 복통이 아니라 그야말로 꼼짝 못하고 허리도 못 펴면서 순간순간 비명에 가까운 울음을 터뜨릴 때 당황하지 않을 부모는 드물 것입니다.

그런데 복통 중에서 가장 심각한 복통이 뭐냐 하면 배에 가스가 찼을 때입니다. 제가 경험한 것으로 말하면, 아플 때와 나았을 때의 차이가 극히 순간적이고 너무나 극명해서 거짓말 같았습니다.

예전에 제가 갑자기 꼼짝도 하지 못할 복통으로 걸을 수조차 없었습니다. 그런데 어찌어찌 일어섰더니 앞으론 못 걸어도 뒤로는 걸을 수 있었습니다. 그래서 허리를 구부리고 통증으로 땀을 비질거리며 천천히 뒤로 걸어 화장실로 갔습니다.

화장실에서 관장약으로 관장했더니 변과 방귀가 나왔습니다. 그러고는 거짓말처럼 이내 모든 증상이 사라졌습니다. 화장실에서 나올 때는 허리를 꼿꼿이 펴고 앞으로 걸어서 나왔고, 그 후 더 이상의 복통은 없었습니다.

누가 봤다면 급성 맹장염 정도를 생각했다가 그다음에는 꾀병으로밖에 볼 수 없었을 것입니다. 보이지 않는 것에 먼저 두려워하지 말고 복통이 심각할수록 냉정하게 잘 살펴보세요.

복통을 아주 단순하게 생각해보죠. 배는 위로 입과 통해 있고 아래로는 항문과 통해 있습니다. 잘 먹고 잘 싸면 아무 문제가 없는 곳입니다.

그러므로 제일 먼저 할 일은 아이가 무엇을 어떻게 먹었는지 하루 정도 돌이켜보는 것입니다. 지나치게 과식하지는 않았는지, 나쁜 음식을 먹지는 않았는지, 소화가 안 될 어떤 상황이 생겼던 것은 아닌지 등등 지극히 일상적인 것들을 되돌아봐야 합니다.

과식을 했다면 갑자기 많은 음식에 소화력이 달리니까 당연히 소화에 부담이 되고 소화 시간이 지연되면서 소화에 관여하는 배 속의 여러 장기들이 힘들어 할 것입니다. 갑자기 무리한 운동을 하고 나면 근육통이 생기듯 배 속에도 근육통 같은 게 발생할 수 있습니다.

그다음은 아이가 언제 변을 봤는지, 변 상태가 좋았는지 나빴는지 생각해봐야 합니다. 변비나 설사가 있었다면 그 원인을 치료해야 복통이 가라앉겠죠. 만약 변비나 복통이 있다가 해소되었다면 병은 지나가도 아직 조직이 충분히 회복되지 않았기 때문에 남은 복통이 있는 것입니다.

그러고 나서 소화기의 빠른 안정을 도와주는 행동을 하면 됩니다. 일단 소화력을 돕기 위해 팔다리로 가는 에너지를 줄일 필요가 있습니다. 이때는 가만히 누워 있으라고 한 뒤 엄마가 배를 주물러주면서 우리 엄마나 할머니가 하셨던 그 유명한 고전적인 주문 "엄마 손은 약손, 아가 배는 똥배"를 읊조리면 됩니다.

기왕이면 주문을 외면서 실질적으로 도움이 되는 주무르기를 해주면 더 좋겠죠? 그래서 여러 가지 주무르기를 소개하겠습니다.

시계 방향으로 주무르기

배에 가스가 찬 것처럼 탱탱한 느낌이 없고 열이 나지 않으면서 배가 아프다고 할 때는 손에 묵직한 느낌을 싣고 아이의 왼쪽 아랫배 부분에서부터 서혜부 방향으로, 시계 방향으로 천천히 주물러주면 잘 낫습니다. 배변을 하려고 하는데 무언가 막혔거나 장운동이 활발하지 못한 경우라고 볼 수 있습니다.

언제든 배변을 시원하게 하면 대개 복통은 끝납니다.

시계 반대 방향으로 주무르기

배에 가스가 찬 것처럼 탱탱한 느낌이 들 때는 시계 반대 방향으로 주물러야 합니다. 밑이 막혔을 때 자꾸 밑으로 압박을 가하면 더 심하게 막힙니다. 아래로 열린 통로의 압박을 줄여 숨구멍을 틔워주어야 방귀가 나오기 좋습니다. 방귀가 나오면 대개 복통이 멎습니다.

이때는 옆구리를 밀고 당기듯이 옆으로 가볍게 흔들어주는 것도 효과적입니다. 가스가 잘 차고 복통이 잦다는 것은 대장 내 세균총의 균형이 깨어졌다는 얘기가 됩니다. 따라서 살아 있는 유산균 식품을 많이 먹이는 것이 꼭 필요합니다. 엄마가 발효식에 관심을 가지고 자주 해준다면 이내 좋아질 겁니다.

변비로 복통이 있을 때

물을 많이 먹이고 배를 흔들어 배변을 도와주어야 합니다. 배변이 쉽지 않거나 3일 이상 배변을 못한 상태에서 심한 복통이 발생했다면 피마자유를 한 스푼 먹이는 것도 좋습니다.

그러나 피마자유를 활용하는 것은 일회성 응급조치일 뿐이고 평소에 물과 야채를 많이 먹도록 지도해야 합니다.

설사로 복통이 있을 때

무언가 나쁜 것을 먹어서 설사를 하는 거라면 설사 후 저절로 복통이 낫는 경우가 많으므로 따뜻한 물을 조금씩 먹이면서 지켜보는 것이 좋습니다.

그러나 설사를 계속하면서 지속적으로 복통을 호소할 때는 배를 따뜻하게 하고 먹는 것을 금하면서 숯가루를 하루 세 번, 한 번에 한 스푼씩 물에 타서 또는 물과 함께 먹여보세요. 나쁜 음식을 먹은 것은 설사를 통해서 해결했지만 그 과정에서 장에 상처가 생기거나 염증이 생긴 경우 지속적으로 설사와 복통이 유지될 수 있습니다.

이럴 때는 숯가루가 가장 효과적인 약입니다. 먹는 양을 줄이고 나쁜 음식을 먹지 않도록 주의하며 숯가루를 먹이면 설사가 점차 줄어들면서 상태에 따라 하루 만에 낫기도 하고 조금 시간이 걸린다 해도 사흘이면 완전히 정상화됩니다.

하지만 숯가루를 먹어도 설사가 멎지 않는다면 의료 기관을 찾아가는 것이 좋습니다. 세균성 장염으로 인한 설사의 경우에는 쉽게 해결되지 않기 때문입니다.

병원에서 세균성 장염이라는 진단을 받았다면 치료 후에도 대장의 세균총에 관심을 가지고 유익한 대장균이 많이 생길 수 있도록 아이의 식습관을 조절해야 합니다. 가장 단순한 습관도 점검해야 합니다. 평소 손을 잘 씻고 음식을 먹도록 지도할 필요가 있습니다.

장염과 설사의 간단 해결법

　예전에 우리 집 막내가 장염에 걸렸을 때의 일입니다. 밤에 잠자리에 든 아이를 만졌는데 몸이 전체적으로 제법 뜨겁더군요. 깨워서 아픈 데가 있느냐고 물었더니 없다고 했습니다. 형들 말로는 낮에 아이스크림을 두 개나 먹었다더군요. 찬 걸 많이 먹어서 장염이 왔구나 생각했습니다.

　그래서 밤에 자다가 아프면 엄마 깨워라 하고는 그냥 잤습니다. 아침에도 여전히 열이 나길래 물수건을 해서 머리에 얹어주고 지켜봤더니 열이 점차 식었습니다. 낮에 한 차례 설사를 하고는 열이 완전히 해소되면서 그 이후로 아무 증상 없이 다 나았습니다.

　제가 이 글을 쓰는 이유는 두 가지 때문입니다. 하나는 장염이 무엇인지를 알려드리고자 하는 것과, 또 하나는 장염에 어떻게 대처할 것인지를 알려드리려는 것입니다. (이건 다른 이야기입니다만, 엄마들은 무슨 염이라고만 하면 일단 겁부터 내는 것 같습니다. 앞으로는 무슨 염이라고 하면 어떤 것인지 알아나 보고 겁을 내든 말든 하는 게 좋습니다.)

우리 막내의 경우를 분석하면서 장염을 알아봅시다. 낮에 차가운 아이스크림을 두 개나 먹었다면 배 속이 어떻게 되었을까요? 일단 차가워진 것은 사실이겠죠?

몸이 차가워지면 항온을 유지하기 위해 발열 기능이 작동합니다. 열이 나지 않으면 항온 유지 시스템에 문제가 생긴 것이라고 봐야 하므로 더 나쁩니다. 물론 적당히 먹었다면 괜찮았겠죠.

차가워진 배 속에서는 대장 내 비피더스류의 유익균들이 갑자기 냉장고를 만난 듯 활동이 위축되고, 설사와 염증을 일으키는 웰치균들이 갑자기 득세하게 됩니다. 득세한다는 것은 수적 증식이 이루어진다는 얘기고, 대장 내 세균총의 균형이 깨어졌다는 얘깁니다. 염증이 생기면서 복통이 올 수도 있고 설사를 일으킬 수 있습니다. 염증과 설사가 심할 때는 힘을 잃은 비피더스류의 균들이 무기력하게 휩쓸려 배출되기도 합니다.

그러면 어떻게 치료해야 할까요? 다시 본래의 균형 상태로 돌아가야 합니다. 비피더스류가 증식되기 좋은 조건을 만들어주는 것이 치료법입니다.

약을 써서 치료한다는 말은 대장의 염증을 가라앉히는 것을 말합니다. 염증을 가라앉히는 것은 대부분 차가운 치료에 해당됩니다. 그러면 염증은 가라앉는다 해도 대장 내 환경은 여전히 웰치균류에 유리한 환경에서 벗어나지 않습니다. 따라서 시간이 지나면 또다시 복통과 설사가 일어날 수밖에 없습니다.

하지만 따뜻한 것을 먹고 배를 따뜻하게 하고 염증을 진정시키는 치료를 한다면 어떨까요? 복통과 설사는 진정되고 대장 내 환경은 비피더스균류에 유리한 환경으로 바뀔 것입니다.

그러나 많은 사람들이 원인은 고려하지 않고 증상에만 집중하기 때문에 소염제를 먹고 지사제를 씁니다. 지사제를 쓰면 설사는 멈추겠지만 배출되어야 할 것들이 배출되지 못하므로 배 속 환경은 바뀌지 않습니다.

아이스크림이 아니라 상한 음식을 먹었다면 문제는 더 커지겠죠. 상한 음식의 독소가 몸 밖으로 배출되어야 하는데 지사제로 막아버리면 배 속은 계속 독소가 유지되어 염증의 원인이 지속되고 결국 시간을 미루면서 문제는 더 커질 수밖에 없습니다.

숯가루는 뜨거운 환경 속에서 만들어지기 때문에 배를 차갑게 만들지 않습니다. 염증에서 배출되는 진물과 열기를 감싸서 진정시킵니다. 배 속 환경을 바꾸는 역할을 하는 것이죠. 숯가루를 먹지 않아도 설사의 원인이 된 것들이 충분히 배출된다면 자연스럽게 진정 모드로 가겠지만 배출 자체를 막으면 지연과 동시에 악화를 부를 뿐입니다.

대장에 탈이 나서 설사가 만성으로 갈 때는 적극적으로 여러 가지 치료법이 동원될 수 있겠지만 아이들이 자주 겪는 급성 설사나 일시적 복통이라면 독소의 배출과 대장 내 세균총의 균형을 생각하는 것이 더 효과적이고 적절한 치료법임을 기억하면 좋습니다.

아이가 설사를 한다면 먼저 원인이 무엇일까 생각해봐야 하고, 원인을 알 수 없을 때는 아이를 살피면서 조금 기다려봐야 합니다. 우리 막내가 열이 날 때 제가 이마에 물수건만 해주고 그냥 두었던 것은 외부적으로 아무 증상이 없는 상태에서 섣불리 행동했다가는 도리어 해가 될 수 있기 때문이었습니다.

그리고 설사한 다음에 추가 치료를 하지 않았던 것은 설사와 함께 전반적인 상태가 호전되어 배출과 함께 상황이 종료되었다고 판단했기 때문입니다.

그다음은 어떻게 해야 할까요? 상황은 종료되었지만 대장에 부담이 갔던 것은 사실이겠죠? 그래서 소화에 부담 없는 따뜻한 음식을 먹이고 숯가루를 하루 정도 먹였습니다.

혹 우리 아이처럼 하룻저녁에 저절로 낫지 않을 때는 엄마가 조금 도와주는 것도 필요합니다. 발열과 함께 복통을 호소한다면 빠른 배출이 원활하지 않다는 뜻이므로 배출을 도와야 합니다.

발열이 없더라도 장시간 복통을 호소할 때도 역시 빠른 배출만이 답입니다.

이럴 때 판단하는 기준과 도와줄 수 있는 방법을 몇 가지 소개하겠습니다.

설사는 하지 않지만 계속 배가 아프다며 칭얼대고 온몸에 열이 나는 경우

찬 것을 먹었든, 나쁜 것을 먹었든 배출이 용이하지 않은 상태에서 장 속에 많은 염증이 발생한 경우입니다. 이때는 장 속의 염증이 다 낫기 전까지 계속 배가 아픕니다. 따라서 배 속의 염증을 가라앉히는 숯가루를 먹이면서 머리를 차갑게 유지해주면 됩니다.

배변과 함께 낫기도 하지만 숯가루 복용만으로도 점차 복통이 사라집니다. 염증이 다 가라앉으면 배변 없이도 서서히 복통이 약화되면서 낫습니다.

설사와 함께 복통을 호소하고 온몸에 열이 나는 경우

설사할 때마다 복통이 줄어드는지, 아니면 별다른 변화 없이 계속 아프다고 하는지 잘 확인해야 합니다. 설사할 때마다 복통이 줄어들 때는 이마만 차갑게 해주면서 기다립니다. 나쁜 것이 다 배출되면 저절로 낫습니다.

수분 부족이 우려될 때는 물이나 죽을 조금씩 먹이면서 기다리면 좋습니다. 하지만 설사할 때마다 기운만 빠지고 복통이 약화되지 않는다면 일단 숯가루를 먹이면서 기다려보는 것이 좋습니다.

경우에 따라서는 시간이 지날수록 열이 더 높아지거나 복통이 더 강렬해지기도 합니다. 이때는 가정에서 처치하기에 조금 어려운 경우로 판단하여 가까운 의료 기관을 찾는 것이 좋습니다. 맹장염, 복막염 또는 독한 바이러스성 장염일 경우가 있으므로 확인해야 합니다.

설사를 하는데 복통이나 열은 없는 경우

나쁜 것을 배출하는 중간 과정이라 여기고 그냥 기다리면 됩니다. 설사가 멎으면 너무 급하게 영양 보충하려 하지 말고 장이 기능을 충분히 회복할 때까지 기다린다는 마음으로 적은 양을 조금씩 먹이는 것이 좋습니다.

이것저것 다 관찰도 어렵고 판단도 어렵다면? 아이가 설사를 하거나 배가 아프다고 하면?

- 일단 숯가루를 먹여본다.
- 배는 따뜻하게 감싸주고 주물러준다.
- 미지근한 물을 계속 먹인다.

이렇게 하면서 설사, 복통, 발열 등 증상의 변화를 관찰하고 의료기관을 이용할지 말지를 결정하면 됩니다. 염증이라는 말에 무조건 소염제나 항생제를 쓰지 않으면 위험하다고 생각하는 분들이 많은 듯합니다. 하지만 의외로 간단히 해결되는 것이 염증입니다. 그러니 너무 어려워 말고, 겁내지 말고 잘해보시기 바랍니다.

아토피는
토해내야 낫는다

아토피에 대해 제가 삼행시로 정의한 바 있습니다.

아 – 아파도
토 – 토해내야 하는
피 – 피부 질환

피부 밑으로 밀어 넣고 숨기면 결코 치료할 수 없는 질환이라는 말을 하고 싶은 것입니다.

아토피는 참으로 안타까운 질환이며 제가 '약 안 쓰고 아이 키우기'라는 주제로 대중 강의를 하고 카페를 만들어 엄마 아빠를 계도하려고 생각하게 된 이유이기도 합니다. 많은 아이들이 아토피로 고생하고, 엄마 아빠도 아이 아토피로 밤잠을 설쳐가며 부담스러운 수준의 돈을 쓰지만 쉽게 낫지 않고 애를 먹이죠.

하지만 제가 보는 관점에서의 아토피는 처음부터 치료해야 한다는 두려움이 만들어낸 인위적인 병입니다. 그냥 아무것도 하지 않고 내버려두면 저절로 낫는, 가려움이 심한 증상에 불과한데 그걸 치료 하겠다며 이렇게 저렇게 하는 동안 정말 힘들고 심각한 병으로 자리 잡은 것이라는 얘기죠.

어찌 되었든 지금은 아토피가 무시할 수 없는 수준이 되었다면? 아무것도 하지 않고 그냥 두기만 해도 2~3년이면 저절로 깨끗이 낫습니다.

그렇다면 아토피를 치료하는 데 아무것도 필요 없고, 아토피의 치료 방법이라고 제가 알려드릴 것도 없어야 합니다. 하지만 아이가 날마다 가려움에 고통을 받고 피부는 날마다 엉망이 되어가는데 아무것도 하지 않고 그냥 지켜본다는 것 자체가 부모 입장에서는 거의 불가능한 일이죠. 그래서 조금이라도 빨리 치료할 수 있는 방법을 몇 가지 알려드릴까 합니다.

미리 전제하자면 이 방법들은 치료 기간을 단축함으로써 아이의 성장을 돕고 심리적 불편을 줄이는 게 핵심이라는 것을 잊지 마시기 바랍니다. 제가 알려드리는 방법들을 따라 하다가 잘 못하겠다 생각 되더라도, 단기간에 변화가 보이지 않아 '정말 이 방법이 맞는 걸까' 고민이 되더라도, 그래서 손 놓고 멍해지는 상황이 된다 하더라도 부디 마음 편히 가지시기를 바란다 이 말입니다. 왜냐하면 결국은 저절로 다 나을 것이기 때문입니다.

제가 정말 당부하고 싶은 것은 나을 수 없는 길, 치료에서 더 멀어지는 길만은 꼭 피해주었으면 하는 겁니다. 결코 나을 수 없는 길을 대부분의 부모들이 선택하는 데는 그만한 달콤한 이유가 있습니다. 당장 아이가 덜 가렵고 덜 힘들어 보인다는 것이 첫 번째 달콤함이고, 며칠 동안을 기준으로 본다면 완전히 나을 것 같은 기대감이 생긴다는 것이 두 번째 달콤함입니다.

이런 눈에 보이는 달콤함이 워낙 강력해서, 반대로 치료되지 못하고 부작용이 심각한 사례가 수없이 많지만 눈에 들어오지 않을뿐더러, 때로는 '사람은 체질이나 상태가 제각각이니까 저 사람은 안 되어도 내 아이는 될 거야'라며 자신을 설득하는 강력한 논리를 갖게 만듭니다.

하지만 안 될 일은 어떻게 해도 안 됩니다. 근거 없는 환상을 버리고 부디 완치될 수 있는 옳은 방향으로 가기를 빌고 또 빕니다.

앞에서 아토피는 토해내야 낫는다고 분명히 정의했습니다. 그런데 달콤한 방법들은 하나같이 피부의 문제를 숨기는 것들입니다. 당장의 가려움을 가라앉히고 눈앞에 보이는 거친 감촉을 부드럽게 해줍니다. 긁어서 생긴 상처를 빠르게 감추기 때문에 엄마 아빠의 마음도 위로받습니다. 하지만 그게 전부입니다.

그 뒤에 더 이상의 문제가 생기지 않는다면 정말로 정말로 좋겠지만 잠깐의 위로 뒤에는 더 크고 무서운 부작용이 피할 수 없는 외나무다리에서 기다리고 있습니다. 그래서 저는 이것을 '악마와의 거래'라고 부릅니다.

악마와의 거래라면 스테로이드 얘기를 안 할 수가 없겠죠? 연고를 주면서 약한 스테로이드이니까 부작용은 걱정하지 않아도 된다고 많은 병원에서 말합니다. 완전히 다 나을 때까지 꾸준히 사용하지 않으면 내성이 생겨 치료가 불가능하니까 완전히 나을 때까지 꼭 바르라고 말합니다.

스테로이드가 일으킨 부작용은 너무 많이 알려져 제가 말하지 않아도 모두들 잘 알고 있을 겁니다. 스테로이드를 바르면 일단 피부가 안정되는 것처럼 보이지만 피하에 과산화지질로 된 변질 조직을 만들어 태선화라는 코끼리 피부 같은 상태로 이끌어가게 됩니다. 태선화가 되면 피부는 땀도 나지 않고 피부호흡이 불가능해져서 점점 더 딱딱해지고 빠르게 건조해집니다.

가려울 때 긁어도 두꺼운 피부 때문에 시원함을 느낄 수 없고 색깔은 검어집니다. 이러한 현상을 단지 피부만의 문제로 보지 말고 사람 전체의 문제로 한번 생각해보세요. 어떤 사람이 숨도 쉬지 않고 대소변도 보지 않는다면 살 수 있을까요?

스테로이드가 나쁘다는 얘기에 쓰기 싫어 하는 분들도 그다음 유혹에는 쉽게 빠져듭니다. 첫째는 스테로이드가 아니라는 점 때문에 안심되고, 둘째는 약이 아니라는 점 때문에 경계심이 생기지 않아서 더욱 안심이 됩니다. 스테로이드보다 더 많이 쓰이고, 스테로이드보다 더 많이 누적되어 결국 스테로이드만큼 나쁜 결과를 가져오는 것이 바로 로션입니다.

로션형 아토피가 아토피의 유형 중에서 가장 많은데도 불구하고 이런 사실을 알고 있는 분은 그리 많지 않습니다. 특히 유기농 재료를 이용해 직접 만든 좋은 성분의 로션은 치료에 도움이 될 것이라는 반대 신념은 초강력한 상황이 됩니다.

성분의 좋고 나쁨을 떠나 로션은, 보습은 어린 아기일수록 피부에 해로운 것입니다. 그런데 하도 보습을 강조하니까 어떤 엄마들은 아예 알람까지 준비해놓고 시간 맞춰 로션을 바르기도 하더군요. 그럼 피부가 짓물러서 치료가 더 어렵습니다.

자, 그럼 치료 기간 단축에 도움이 되는 방법을 알아볼까요? 대개의 경우 이미 연고와 로션으로 관리 중이거나 피부 변질이 이미 발생한 상황에서 이 글을 읽는 분들이 많을 것으로 생각합니다. 따라서 요요처럼 다시 튀는 현상인 리바운딩(rebounding)을 먼저 이해해야 치료가 가능합니다.

리바운딩 기간은 연고나 로션을 사용한 기간의 두 배를 잡아야 합니다. 해독에 해당되는 치료라면 조금 단축할 수 있겠지만 그래도 기간이 짧지는 않습니다. 나이보다 월령을 논하는 아기들이라면 사용 기간의 두 배를 생각해야 하고, 다섯 살 이상이라면 3~6개월 정도 생각하면 됩니다.

사춘기를 넘어선 경우에는 체력이나 사용 경력, 기타 먹거리 등의 조건에 따라 많이 달라집니다. 짧게는 몇 개월이지만 길게는 몇 년이 걸릴 수도 있습니다.

어떤 방법으로도 리바운딩 기간을 완전히 없애지는 못합니다. 스테로이드만 나쁘다고 생각해서 흔히 '탈스', 즉 탈스테로이드라고도 하는데 저는 로션의 해독까지 포괄해서 봐야 한다고 생각하기 때문에 리바운딩, 금단이라는 말이 더 적절하다고 봅니다.

금단현상 기간 동안 얼마나 잘 견디느냐가 치료의 관건입니다. 금단 기간만 지나면 저절로 좋아지는 것이 눈에 보이므로 시간문제가 남아 있긴 해도 견디기가 어렵지는 않습니다.

이때 가장 효과적인 방법은 대소변을 잘 보고 땀을 많이 흘리는 것입니다. 땀흘리기도 많은 분들이 선택하는 방법인데 좋다, 나쁘다는 의견이 서로 엇갈립니다. 이처럼 의견이 엇갈리는 데는 대소변의 원활함을 전제로 하지 않은 것이 첫 번째 원인이고, 상황이나 조건의 차이에 따른 증상의 변화 원리를 모르는 것이 두 번째 이유인 듯합니다.

대소변이 원활하지 않은 사람이 적극적인 탈스를 위해 땀을 흘리게 되면 체내에 누적된 독소들이 모두 피부를 통해 배출되려는 경향을 갖기 때문에 피부 트러블이나 증상이 더욱 악화되는 것을 느낄 수 있습니다. 물론 금단현상 자체가 외형적인 증상의 악화를 수반하기도 하지만 대소변이 원활하지 못한 상태에서의 땀내기는 일반적인 경우보다 더 심각하게, 더 고통스럽게, 더 길게 피부 증상을 드러내는 조건이 되기 때문에 저는 권하지 않습니다.

현재 피부 기능이 마비되어 덥거나 열이 나도 땀이 전혀 흐르지 않는 사람이 땀내기를 시도하면 피부에 열이 쌓여 염증이 더 심해지기 때문에 증상도 악화되어 보일 뿐 아니라 가려움도 극도로 심각해집니다. 땀내기가 잘된다 해도 땀을 낸 뒤 피부 안정 과정인 식히기가 제대로 되지 않으면 차츰 가려움이 심해지는 경향이 나타납니다. 여름에 운동을 마치면 무릎 뒤 같은 곳에 땀이 차면서 더 많이 긁고 증상이 심해지는 것이 이 경우에 해당됩니다.

제가 가장 추천하는 땀내기는 다음과 같습니다

첫째, 대소변의 원활함을 먼저 만듭니다. 문제가 없다면 바로 시작해도 됩니다. 매일 적절한 상태의 대변을 한 번씩 본다면 원활한 것입니다. 가장 나쁜 조건은 설사보다 변비입니다. 매일 한 번씩 적절한 변을 잘 보고 있지 않다면 피부보다 배변 문제부터 해결해야 이후의 치료가 가능합니다. 먹거리로 해결하든 의료 기관을 이용하든 어떻게 해서라도 피부 문제보다 선결해야 할 조건임을 기억하세요.

둘째, 땀구멍이 열리지 않아 땀이 잘 나지 않는다면 매일 조금씩 땀내기를 시도하되 땀이 잘 나는 상태로 변할 때까지 체력이 손상되지 않도록 관리합니다.

이런 사람은 매일 40도 안팎의 온수로 10~20분 정도 각탕하기를 권합니다. 계속하다 보면 어느 날 땀이 나는 것을 볼 수 있습니다. 땀이 나기 시작하면 그다음부터는 일주일에 2회를 넘지 않는 범위에서 사우나든 각탕이든 자신에게 맞는 방법을 선택해 온몸에서 땀이 줄줄 흐를 정도로 적극적인 땀내기를 합니다. 이때는 한 시간이 걸려도 됩니다. 한 번 땀내기에 한 시간 이상 걸린다면 체력 방전이 우려되므로 효과가 느껴진다 해도 더 이상의 욕심은 내지 말아야 합니다. 또한 주 2회를 넘지 않기를 권고합니다.

셋째, 땀을 낸 후에는 피부가 싸늘하다고 생각될 정도로 완전히 식혀줍니다. 너무 단시간에 식히려 하면 병 기운이 배출되지 못하고 오히려 피부에 갇히기 때문에 아기는 점차 온도가 낮은 물로 옮겨가면서 목욕 후 헹구듯이 식히기를 권하고요, 협조할 수 있는 나이의 아이는 땀내기 후 바로 옷을 입지 않고 미지근한 물을 여러 번 묻히며 자연건조를 반복하다 보면 피부가 충분히 시원해집니다. 기화열을 빼앗기는 과정에서 자연스럽게 식기 때문에 저는 이 방법을 강력 추천합니다. 땀이 잘 나지 않아서 매일 짧게 각탕만 하는 아이도 각탕 후 식히기는 마찬가지로 꼭 해야 합니다.

그다음으로 도움 되는 방법은 소변 많이 보기입니다

소변을 많이 보려면 물을 많이 먹어야겠죠? 물을 많이 먹으려면 물이 맛있거나 입이 짜야 합니다.

아이 입맛에 맞는 음료를 많이 만들어주고, 묵은 간장이 있으면 먹거리에 활용하세요. 아기들이 먹기 좋은 음료 중 하나가 식혜입니다. (식혜를 만들어보지 않은 분들은 내가 어떻게 이런 걸…… 하겠지만 실제로 한 번만 해보면 생각보다 쉽게, 습관적으로 만들 수 있습니다. 여름에는 시원하게, 겨울에는 따뜻하게 먹여도 다 좋은 발효 음료수입니다.)

현재 신장에 무리가 없다면 조금 짜게 먹이기를 권합니다. 그럼 자연스럽게 소변을 통한 해독이 원활해집니다. 소변을 통한 해독력이 좋아질수록 힘은 덜 들고 금단현상이 빨리 해소됩니다.

가장 큰 문제인 가려움은 그냥 긁게 두셔야 합니다

이제 참 힘든 이야기를 해야 할 시간이네요. 가려움, 바로 아토피의 가장 큰 문제로 여겨지는 것입니다. 많은 엄마 아빠들이 아이가 가려움을 못 참고 긁는 것을 막기 위해 밤잠 설쳐가며 아이를 감시 감독하거나 손과 팔을 감싸거나 아이 손을 잡고 있습니다.

이런 방법은 두 가지 면에서 치료에 큰 방해가 됩니다. 일단 가려움을 참는다는 것은 엄청난 스트레스를 주기 때문에 스트레스로 인한 면역력 저하나 식욕 저하를 피할 수 없습니다.

이 때문에 짜증과 눈물을 피할 수 없게 되고, 식욕 저하로 체력이 떨어지고, 체중이 감소합니다. 이렇게 되면 치료에 더 많은 악조건이 추가로 발생합니다.

무엇보다 큰 악조건은 알레르기입니다. 면역력 저하와 체력 저하는 없던 알레르기도 만들어냅니다. 알레르기가 한 번 올라올 때마다 아토피는 급격히 악화됩니다.

또한 먹을 수 있는 것들이 점차 줄어듭니다. 알레르기는 줄여가야 하는 것이지 늘려가면 안 됩니다. 면역력 저하로 사소한 잡병을 더 자주 앓게 됩니다.

그럼 어떻게 해야 할까요? 그냥 긁게 두셔야 합니다. 긁으면 금방 피가 나고 붉어지고 붓고 악화되는데, 나중에 흉터가 심해질 텐데 어떻게 그냥 두느냐 하시겠지만 그건 잘못된 생각입니다. 긁어서 피가 나고 상처가 나면 피부는 땀구멍보다 더 큰 출구를 만든 셈이 되기 때문에 더 빨리 낫습니다. 그리고 연고와 로션을 추가로 사용하지 않는다면 긁어서 난 상처는 흉터가 되지 않습니다.

당장은 피가 나고 진물이 나서 악화된 것처럼 보이겠지만 결과적으로는 더 빨리 낫습니다. 스트레스가 줄어들기 때문에 식욕도 좋아지고 밤잠도 더 길게 잘 자고 알레르기도 호전됩니다.

지금 당장 아이의 손을 놓으세요. 지금 당장 아이의 손을 감싼 장갑을 벗기세요. 그럼 더 빨리 나을 겁니다.

탈스를 돕는 방법은 위에 소개한 것들로도 충분합니다.

이제 남은 것은 새로운 세포로 재생되는 과정이겠죠? 이것은 다른 약은 필요 없고 햇빛이면 됩니다. 열을 너무 많이 받지 않도록 주의하면서 빛을 많이 쬐어주세요. 시간 제한도 없고 많이 할수록 더 빠르고 더 좋은 치료가 가능합니다. 오로지 햇빛바라기만이 최선의 답입니다.

의료 기관을 꼭 이용해야 할 경우도 있지만, 대부분의 아토피는 이런 방법만으로도 잘 낫습니다. 안아키에는 이런 방법으로 완치한 후기 사진이 치료 전 과정의 변화 사진과 함께 많이 올라와 있습니다.

안아키는 육아 카페일 뿐 치료 카페가 아니기 때문에 단순한 비포 애프터가 아니라 지속적인 변화를 추적해서 볼 수 있습니다. 말하자면 재발 여부나 치료 후 새로운 변화가 있는지 없는지 길게 추적 관찰이 가능하다는 애깁니다. 제가 알려드리는 방법들이 일반적인 아토피 치료법과 너무 달라 그 결과가 의심스럽다면 직접 확인하기 바랍니다.

아토피에 대한 깊은 이해와 자연스러운 치료법을 통해 아이는 물론 엄마 아빠까지 모두 치유와 자유와 건강을 얻으시기 바랍니다.

알레르기의
해소와 적응법

최근 들어 점점 더 심각해지는 질환 중 하나가 알레르기입니다(알레르기의 종류는 많지만 먹거리 때문에 발병하는 식이성 알레르기가 제일 시급한 문제라고 생각해 여기서는 식이성 알레르기에 대해서만 다루겠습니다).

이유식을 시작하려는 아기가 제일 순하고 기본적인 쌀미음을 먹고 알레르기를 일으킨다면 도대체 무엇을 먹일 수 있을까요? 흔하디흔한 감자나 브로콜리에도, 양배추에도 알레르기 반응을 일으킨다면 무엇으로 이유식을 만들 수 있을까요? 알레르기 반응을 보이는 것이 복숭아나 견과류, 갑각류라면 그나마 어떻게 피해볼 수 있겠지만 쌀이라고 하면 그야말로 답이 없는 느낌입니다.

밀가루, 달걀, 우유 알레르기를 보이는 아기들은 동네에 넘쳐납니다. 실제로 알레르기 반응을 보이는 아기들도 있지만 시도조차 하기 전에 아예 이런 먹거리들을 피하는 경우도 많습니다. 왜냐하면 요즘은 병원에서 알레르기 반응 검사를 통해 미리 부모에게 알려주기 때문입니다.

알레르기 검사를 두 번 이상 해본 분들은 알겠지만 알레르기원(原)으로 나오는 것이 두 번 다 일치하는 경우가 드뭅니다. 검사에서는 알레르기 반응이 있다고 나왔지만 막상 직접 먹여보면 아무렇지 않은 경우도 허다합니다.

왜 이런 일이 생기는 것일까요? 그것은 알레르기라는 병에 대한 이해가 잘못되었기 때문입니다. 고전적인 알레르기의 정의는 항원이 있고 그 항원에 대한 면역계의 과민 반응으로 되어 있습니다. 하지만 제 경험을 통해 결론지은 알레르기는 면역계의 과민 반응이 아니라 면역계의 혼란 반응이고 히스테리 반응입니다. 혼란이기 때문에 왔다 갔다 하는 것입니다.

고전적인 알레르기는 특정 항원에 대한 체질적, 태생적 거부 반응으로 나타난 것이었지만 현대의 알레르기는 대부분 약물의 오남용으로 만들어진 질환입니다. 과도하고 잦은 해열제 사용으로 열에 반응하는 면역계가 망가지고, 잦은 항생제의 장기 사용으로 대사 시스템에 무리가 와서 만들어진 결과입니다.

그 때문에 저는 진찰할 때 병원에서 검사한 알레르기 반응 결과보다 엄마가 직접 경험한 아이의 알레르기 반응에 대해 말하는 것을 더욱 신뢰성 있는 데이터로 받아들입니다.

매번 바뀌는 결론에도 불구하고 몸이 보이는 알레르기 반응에 일일이 대응하기는 어렵습니다. 심한 경우에는 먹지 않고 접촉하는 것만으로도 알레르기 반응을 보입니다. 그런 까닭에 공적인 장소에는 불안해서 가지도 못합니다. 달걀 알레르기가 있는 아이를 데리고 아이들이 많이 노는 놀이터 같은 곳에 갔다가 그날 달걀을 만진 아이가 손댄 놀이 기구를 만지면 알레르기 반응이 일어나기 때문입니다.

상황이 이처럼 심각하고 불안한데 모든 세상살이에는 뭐니 뭐니 해도 체력이 기본이니 뭘 먹어서 체력을 기르겠습니까? 병원에서는 계속 피하라는 말만 하고, 계속 피하는 바람에 더 이상 먹일 것도 없는 상황에서 아이 분유는 떼야 하고…….

아토피 때문에 휴학 중인 20대의 여대생이 세상에서 딱 다섯 가지 음식만 먹으며 자기가 사는 지역을 벗어나지 못하고 지내는 것을 본 적이 있습니다. 자라면서 점점 나아진다고 말들 하지만 언제 어떻게, 또 꼭 나을지는 아무도 말해줄 수 없고, 어쩌면 다 자라서 어른이 되었을 때까지 세상 대부분의 음식을 먹지도 못하고, 충분히 자라지도 못하고 살게 될지 모르는 일입니다.

앞에서도 말씀드렸듯이 병으로 확인되면 어떻게든 치료해야 합니다. 지구라는 조건에 맞지 않는 증상이 있다면, 인간이라는 조건에 맞지 않는 증상이 있다면 그건 병이고 병은 치료해야 한다고 분명히 말씀드렸습니다.

알레르기는 피한다고 해서 되는 것이 아닙니다. 적응할 수 있도록, 극복할 수 있도록 적절한 방법으로 훈련해야 합니다.

그렇다면 처음으로 돌아가 원론적인 것부터 짚어볼까요? 현대의 알레르기는 면역계의 혼란이고 히스테리 현상이라고 말씀드렸습니다. 따라서 일단 안정이 필요합니다. 알레르기가 발견된 즉시 바로 적응 훈련을 하기보다는 먼저 안정을 시킨 다음 조금씩 천천히 극복을 위한 훈련을 시작해야 합니다. 그러자면 먼저 면역 안정을 위한 방법부터 알아야겠죠?

대부분의 식이성 알레르기는 무언가를 먹고 나서 30분 내로 반응이 나타납니다. 30분 이후에 나타난다면 그건 식이성 알레르기가 아니라 상한 음식을 먹어서 나타나는 배탈일 가능성이 큽니다. 피부가 붓거나 붉어지고, 가려움이 심해지고 때론 목소리가 변하며 호흡 곤란도 올 수 있습니다.

하지만 증상이 나타나자마자 숯가루를 먹이면 대부분의 알레르기는 30분 이내에 가라앉습니다. 차츰 진정된다는 느낌은 15분가량 뒤부터 나타납니다.

식용 숯가루는 공업용 숯가루와 달리 위생적으로 관리되기 때문에 얼마든지 먹을 수 있습니다. 참고로 말씀드리면, 《동의보감》에도 가장 오래된 전통 해독제로 여러 곳에 소개되어 있고, 미국 FDA에서도 식용 및 약용으로 허가된 제품이 많이 있습니다.

숯을 어떻게 먹느냐고 하는 분들, 탄 것이므로 발암물질이 아닌가 생각하는 분들은 숯에 대해 잘 모르기 때문에 이런 의문을 품는 것입니다. 숯가루의 안전성에 대한 소개는 이 정도로 간략히 말씀드리겠습니다.

숯가루는 바로 입에 넣고 물을 마시기보다는 물에 타서 한 숟가락씩 천천히 먹는 것이 더 효과적입니다. 만성적으로 여러 대상에 알레르기 반응을 보이는 아이여서 어떤 것 때문에 알레르기 반응이 나타나는지 모를 때에는 일단 숯가루를 물에 타서 먹이는 것이 좋습니다. 한 번 복용으로 완전히 가라앉지 않으면 3~5시간의 간격을 두고 몇 번 더 먹이면 됩니다.

예전에 우리 한의원에서 사무장을 하던 새댁이 임신으로 한의원을 그만두게 되었습니다. 어느 날 밤 갑자기 그 새댁이 전화를 해서는 말도 못하고 엉엉 울었습니다. 임신부가 전화기에 대고 울음부터 터뜨리니 내심 놀라고 당황스러웠죠.

"원장님, 저 어떡하면 좋아요? 오늘 뭘 잘못 먹었는지 두드러기가 너무 심하게 나서 온몸이 붓고 가렵고 뻘게졌거든요. 무서워서 산부인과에 갔는데 임신부라 쓸 약도 없다며 자기네는 모르겠다고 그냥 가래요."

"집에 숯가루 있지? 그거 얼른 물에 타서 한 숟가락씩 먹어."

다음 날 아침, 헤헤거리며 웃는 목소리로 다 나았다는 전화가 왔습니다. 물론 별 탈 없이 아기 잘 낳아서 건강하게 잘 키우고 있습니다. 이 이야기를 하는 이유는 임신부도 먹을 수 있는 안전한 해독제라는 말을 하고 싶어서입니다.

제가 운영하는 육아 카페 안아키에서는 알레르기가 올라오면 숯가루를 먹이는 것이 상식처럼 되어 있습니다. 물론 효과를 본 경우는 매우 많습니다. 물론 숯가루가 모든 알레르기 반응을 해결하는 것은 아니지만 지금까지의 경험으로 미루어볼 때 90% 이상은 해결되는 것 같습니다.

일단 숯가루로 안정시킨 다음에는 일주일 이상 기다려야 합니다. 말하자면 알레르기를 일으킨 먹거리를 피하면서 일주일 정도는 자극하지 않도록 해야 한다 이 말입니다. 일주일 정도 지나면 그때부터 적응 훈련을 시작합니다.

적응 훈련은 먹거리의 종류에 따라 조금씩 다르지만 한 가지 공통점은 발효식으로 만들어 시도한다는 것입니다. 어떤 것은 엿기름을 이용해 발효를 하고, 어떤 것은 막걸리에 숙성해서, 또 어떤 것은 된장에 숙성시킨 식재료를 사용합니다. 숙성용 된장 소스를 만든 다음 숙성 시간을 점차 줄여가면서 훈련하다 보면 예전에 알레르기를 일으킨 음식을 먹어도 알레르기 반응이 전혀 나타나지 않고 그렇게 하나씩 둘씩 적응해가다 보면 어느새 알레르기가 완전히 사라진 것을 볼 수 있습니다.

이렇게 알레르기를 해결하고 다양한 먹거리를 접할 수 있어야 체력이 증강하고 건강해집니다. 아이의 알레르기가 심하다면 모든 먹거리를 전통 발효식으로 먹여보세요. 그러면 당장의 체력 문제도 훨씬 좋아질 것입니다.

'경끼', 놀라지 마시고 이렇게 하세요

 흔히 '경끼'라고 부르는 증상은 일단 동공이 고정되거나 풀리고 몸이 경련을 일으키거나 뻣뻣해지면서 외형상 전혀 다른 모습을 보이므로 엄마 아빠가 가장 응급함을 느끼는 상태가 됩니다. 또 병원에서는 이런 상황이 반복되면 뇌의 실질적인 이상이나 간질 가능성을 자주 언급하기 때문에 엄마 아빠 입장에선 흔히 말하는 멘붕(멘탈붕괴)이 되기 쉽습니다.

 하지만 알고 보면 경기(驚氣)만큼 황당한 일도 없습니다. "아이가 경기를 했어요!" 하고 다급한 목소리로 119에 전화하는 일이 많을 겁니다. 왜냐하면 경기를 처음 경험하는 엄마의 눈에는 아이가 금방이라도 죽을 것 같기 때문이죠. 그렇게 해서 앰뷸런스를 타고 병원으로 가는 아이들은 병원에 도착했을 때 대부분 정상적인 상태로 돌아와 있습니다.

 아이는 정상으로 돌아왔지만 엄마 아빠는 아직 정상으로 돌아오지 못했기 때문에 병원에서 권하는 온갖 검사를 받게 합니다. 그런

다음 병원에서는 간질 가능성과 반복 발생 시 뇌에 이상이 생길 수 있음을 말하고 부모는 심각하게 듣습니다.

그때부터는 아이가 어떤 행동을 해도 불안한 나머지 병원에서 들은 온갖 가능성과 관련지어 해석하기 시작합니다. 뿐만 아니라 경기 후에는 대부분의 아이들이 완전히 곯아떨어지는 깊은 잠을 자게 됩니다. 그러면 '자는 경기'라는 희한한 단어를 만들어 떠올립니다. 엄마 아빠의 이런 불안은 경기의 실체를 모르는 데서 오는 것이므로 한번 알아보는 게 좋을 듯싶습니다.

경기는 대부분 체증과 발열이 겹칠 때 나타납니다. 체증만 풀리면 열이 높아도 경기를 하지 않습니다. 따라서 대부분의 경우 경기는 체증이 원인이라고 보아도 무방합니다. 앰뷸런스를 타고 병원으로 가는 도중에 정신을 차리는 아이가 많은 이유도 아이를 안고 달리는 동안 몸이 흔들리면서 체기가 저절로 풀리기 때문입니다.

어릴 때 우리 엄마가 이야기해주신 것 중에도 경기를 한 경험이 있었습니다. 밤에 놀다가 간식으로 고구마를 먹고 잠이 들었는데 아이가 이상해 보여서 가만히 살펴보니 몸을 버둥거리며 경련을 하더랍니다.

겨울이었는데 엄마가 놀라서 저를 업고 병원으로 뛰어가는 동안 등에서 몸이 풀리는 느낌이 들면서 제가 엄마를 부르더랍니다. 정신이 드신 엄마가 저를 안고 살펴보니 그제야 고구마 먹은 생각이 나시더라는군요.

다행히 엄마가 그 순간에 냉정하셨는지 '아, 고구마 먹고 체했던 거구나' 하고 생각하셨답니다. 그래서 병원으로 가던 발걸음을 돌려 집으로 와서는 소화제를 먹이고 배를 주물러주었더니 다시 깊은 잠에 빠지더랍니다.

그때 이후 엄마는 경기는 체증으로 인한 것이어서 아이를 업고 뛰는 중에 저절로 풀렸음을 알게 되었고, 잠들기 전에 소화가 잘 안 되는 음식을 간식으로 주면 안 되겠다는 교훈을 얻으셨다고 합니다.

경기는 전신성 경련을 수반하기 때문에 에너지 소모가 많아 피로가 빨리 몰려옵니다. 그래서 경기 후에는 대부분 아주 깊은 잠을 잡니다. 그래야 기운을 회복할 수 있으니까요.

그런데 이런 상황을 이해하지 못하는 엄마 아빠는 아이가 정신을 잃고 쓰러진 것인지, 잠을 자는 것인지 몰라서 불안해합니다.

숨을 잘 쉬고 있다면 아이는 체력 회복을 위한 깊은 수면에 빠진 것일 뿐이므로 잘 관찰해보고 판단하세요. 그리고 경기 후에는 아이가 무엇을 먹고 싶어 하더라도 적게 먹이고, 먹고 싶어 하는 대로 다 먹게 하면 안 됩니다.

아이가 경기를 했다면 일단 아이를 안고 등을 두드리면서 몸을 흔들어주세요. 그래도 빨리 회복되지 않으면 사혈침으로 자극을 주세요. 피가 나도 좋고, 나지 않아도 괜찮습니다.

다음 그림에 표시된 곳을 사혈침으로 따주면 저절로 낫기도 하고, 병원에 갔을 때 치료 효과가 더 좋아집니다. 사혈침으로 따준 후에

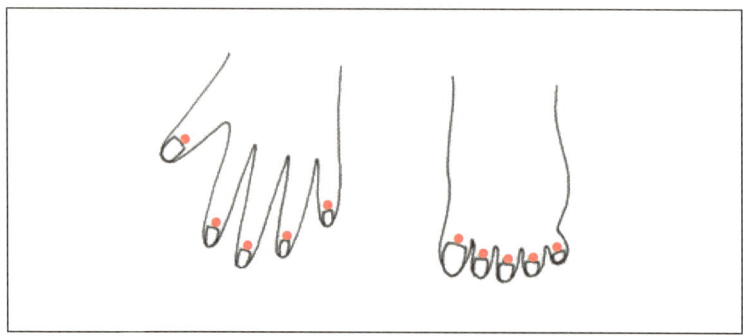

경기를 할 때 사혈침으로 자극을 줄 혈자리.

는 가급적 몸을 따뜻하게 하고 요람에서처럼 가볍게 계속 흔들어주는 것이 좋습니다. 경기는 우리 몸의 기가 운행하다 갑자기 정체된 것이므로 흔들고 주물러주면 정체를 푸는 데 좋습니다.

혹 경기 때문에 응급실을 찾아갔다면, 마침 그때가 겨울이라면 링거 맞는 것을 주의 깊게 살펴보아야 합니다. 경기는 대부분 발열을 수반하기 때문에 해열 목적으로 수액을 사용할 때가 많습니다. 물론 수액에 해열제를 추가하는 경우도 있습니다.

문제는 링거액이 상온에서 유지되므로 겨울에는 온도가 매우 낮다는 점입니다. 차가운 링거가 몸속으로 아주 천천히 들어가거나 체온과 큰 차이가 나지 않는 온도를 유지하면서 들어가야 심장에 부담을 주지 않습니다. 차가운 수액이 몸속으로 빠르게 들어가면 심장성 쇼크가 일어날 수 있습니다.

겨울에 아이가 병원에 가게 된다면 링거액의 주입 속도를 아주 낮게 떨어뜨리든지(유입 속도를 조절하는 코크가 붙어 있어 주입량을 최소한으로 줄일 수 있습니다) 아니면 워머(warmer)라는 기구를 사용해 링거액의 온도를 높여야 안전합니다.

 그리고 병원에서 권하는 각종 검사를 하고 무서운 말을 들어도 당장 어떻게 치료해달라거나 약을 처방해달라고 하는 대신 하루나 이틀 정도 지켜보세요.

 소화 상태를 신경 쓰면서 돌보고 관찰하다 보면 경기는 곧 체증일 뿐임을 충분히 이해하게 되고, 뇌 손상 여부 따위는 걱정하지 않을 겁니다.

신기하게 빨리 낫는
화상 응급조치법

　화상 응급조치법은 지금까지 알려진 바에 따르면 흐르는 깨끗한 물, 그것도 가급적이면 차가운 얼음물을 많이 사용할 것을 강조하고 있습니다. 그런데 자연재생한의원에서 홈페이지에 올린 화상 응급조치법에는 차가운 물이 조직 괴사를 유발할 수 있으니 상온의 물로 씻으라고 나와 있습니다.

　제가 확인한 바로는 40도가량의 뜨거운 물에 40분 정도 물찜질을 하면 즉시 나아서 별다른 추가 조치가 필요 없습니다. 이런 방법을 발견하게 된 경위와 치료 원리에 대한 저의 생각을 여러분께 알려드리고자 합니다.

　매운 음식을 먹으면 혀가 화끈거리죠. 아주 오랫동안 화끈거려서 감각을 잃은 듯한 순간도 있습니다. 이럴 때 대부분 찬물을 마시는데 찬물을 마실 때는 참을 만하지만 물을 목구멍으로 넘기는 순간부터 곧바로 다시 화끈거립니다.

　저는 이럴 때 뜨거운 물을 한 모금 입안에 머금고 기다립니다. 처음에는 귓속까지 찡하게 자극이 오고 눈물이 핑 돌지만 1분이 안 되어 곧 나아져서 혀가 멀쩡하고 감각도 다시 돌아옵니다. 그 현상에 착안하여 화상을 입었을 때 그렇게 해보아야겠다고 생각했습니다.

그리고 어느 날 한쪽 손을 데었을 때 40도가량의 뜨거운 물에 양손을 담그고 기다렸습니다. 데지 않은 손은 아무 느낌 없이 그냥 따뜻한데 덴 손은 미칠 듯이 쓰라리고 따가웠습니다. 그런데 10분쯤 지나자 통증이 사라지기 시작하더니 40여 분 뒤에는 완전히 나아버렸습니다.

제 주변 사람들도 이 방법을 써본 결과, 모두가 놀랄 만큼 빠르게 완전히 나아버렸습니다. 2도까지는 마찬가지로 40분 안팎에서 동일한 결과를 보였습니다. 물을 이용한 응급조치 외에 다른 처치도 하지 않고 40분 안팎에 다 나았고 그 이후 어떤 추가 조치도 필요 없었으며 후유증도 없었습니다.

뜨거운 물속에 담그고 있을 때는 물의 온도 때문에 피부의 붉은색이 전체로 퍼져서 변화를 볼 수 없었지만 쓰라림으로 회복 정도를 확인할 수 있었는데, 결론은 뜨거운 물이 화상 응급조치의 정답이라는 것입니다.

피부에는 친화력과 반발력이라는 두 가지 특징이 있습니다. 친화력은 유사성을 가진 것일수록 잘 받아들이는 성질이고, 반발력은 이질성을 가진 것일수록 강하게 거부하는 성질입니다.

우리가 화상을 입을 때의 온도는 대개 70도 이상입니다. 평소의 피부 온도는 40도가 되지 않습니다. 그런데 자신의 성질과 차이가 큰 뜨거운 온도를 만나면 피부는 반발력을 발휘합니다. 3도부터는 반발력이고 뭐고 할 것 없이 그냥 피부가 타게 되는 것이고요.

화상을 입으면 피부의 반발력에 의해 위축과 변질이 일어납니다. 차가운 온도든 뜨거운 온도든 피부가 반발할 때는 일단 각질층이 위축됩니다. 그리고 그 상황이 빨리 풀리지 않으면 피부는 죽습니다.

피부를 죽이느냐 살리느냐 하는 것은 그 아래 진피층의 활동에 달려 있습니다. 즉 진피층의 혈관이 빨리 활동해서 정상화시키면 피부는 살고, 그렇지 못하면 죽는 것입니다.

가장 좋은 방법은 피부의 반발력을 해소하고 친화력을 발휘하게 만드는 것입니다. 화상을 입은 직후의 피부는 70도보다는 낮고 36도보다는 높을 것입니다. 따라서 40도는 매우 친근한 온도입니다.

더 정확히는 현재 화싱의 얼기가 남아 있다고 볼 때 50도 내외면 더 좋다고 생각하지만 막상 조치를 해보면 처음 물속에 담근 순간이 너무 따갑기 때문에 40도 정도가 견디기 좋습니다. 실제로 해봤더니 50도가 되어도 처음의 몇 초 차이일 뿐 통증에는 별반 큰 차이가 없었습니다. 반발력이 해제되고 친화력이 발휘되면서 피부는 죽지 않고 살아납니다. 그래서 물집이 생기지 않는 것입니다.

화상과 반대로 동상 응급조치법은 차가운 물에 냉찜질을 하고 마사지를 하는 것으로 되어 있죠. 이 역시 피부 친화력의 결과입니다.

물집이 생겼다는 것은 진피층이 아직 살아 있다는 표시입니다. 그래서 조치를 잘하면 흉터가 생기지 않을 수 있습니다.

하지만 물집이 생긴 다음에 뜨거운 물로 조치하면 각질층은 시간이 경과하여 이미 죽어버렸기 때문에 깨끗이 나을 수 없고 결국 각화와 재생 과정(딱지가 생기고 떨어지는 과정)을 거쳐야 하지만 통증의 완화나 흉터 발생 여부에는 긍정적인 영향을 줄 수 있습니다.

그러나 지금까지 알려진 화상 처치법대로 하면 일단 흉터가 생기고 시간이 지나면서 점차 옅어지는 것이 일반적입니다.

방금 끓인 국물을 발등에 쏟은 큰아들, 불붙인 테킬라를 마시다가 흘려서 입술이랑 목이랑 덴 둘째 아들, 라면 쏟아 손등에 화상을 입은 셋째 아들까지 모두 제가 직접 똑같은 조치로 깨끗이 순식간에 치료했습니다.

그리고 제가 운영하는 안아키 카페 회원의 아이가 화상 전문 병원에 입원한 것을 퇴원시켜 사후 조치로 뜨거운 물찜질을 한 결과, 쉼없던 쓰라림이 하루 만에 가라앉고 일주일 만에 흉터 하나 없이 깨끗이 낫는 것을 확인했습니다. 그 외 몇몇 분도 제가 알려드린 방법으로 조치해서 즉각 깔끔하게 회복된 경우를 여러 차례 보았습니다.

현재 안아키에서는 많은 사람들이 크고 작은 화상에 뜨거운 물찜질 치료법을 활용하여 좋은 결과를 보여주었습니다. 제가 책을 쓴다고 화상 비포 애프터 사진 자료 가지신 분들 좀 보내달라는 요청을 드렸더니 많은 엄마들이 안타까운 마음으로 이렇게 말했습니다.

"화상은 워낙 다급한 상황이라 응급조치하기 바빠서 사진 찍을 생각을 할 겨를이 없었다. 분명 눈으로는 엄청 넓은 부위의 엄청 심한 붉은 자국을 확인했는데 응급조치 후 없던 일처럼 되어버린 바람에 애프터 사진은 있지만 비포가 없다."

3도 이상은 어떨까 생각해보았습니다. 피부만 친화력을 가질까요? 진피층 이하 조직이라 해도 조건에서 큰 차이가 나는 것보다는 반응이 나을 겁니다. 어떤 조직이든 친화력과 반발력이 있을 것이기 때문입니다. 아마 3도 이상의 화상에도 36도보다 높은 물이나 응급조치가 도움이 되지 않을까 생각됩니다.

우리 한의원 간호사 선생님의 경우 '화주시술'이라는 것을 하는 중에 불이 덜 꺼진 상태에서 알코올을 추가하다가 얼굴 전체에 화상을 입었습니다. 2도가 넘는 화상이었습니다.

순간적인 판단 잘못으로 수도를 틀어 얼굴을 갖다 대는 바람에 찬물이 닿은 면과 그렇지 않은 면의 상황이 달라졌습니다. 얼굴을 기울여 수도에 갖다 댔기 때문에 물이 흐른 부분은 오른쪽 얼굴과 왼쪽 목이었습니다.

수도에 얼굴을 식히느라 갖다 댄 순간 제가 발견하고 얼른 멈추게 한 뒤 그때부터 뜨거운 물찜질을 한 결과, 2주 만에 완전히 나았습니다만 치료 과정에서 찬물이 많이 닿은 부분(왼쪽 목 부분)과 거의 닿지 않은 부분(오른쪽 목 부분)의 상태나 치료 기간이 확연히 차이 나는 것을 볼 수 있었습니다.

치료 과정에서 관찰한 결과, 뜨거운 물찜질을 한 덕분에 쓰라림은 두어 시간 만에 완전히 사라졌고 찬물이 닿지 않은 부분만 이틀 안에 깨끗하게 나았습니다.

2주간 집에서 쉬며 계속 뜨거운 물찜질을 한 결과, 찬물이 닿은 부분도 흉터가 회복될 때의 일반적인 변화 과정(갈색 → 검붉은색 → 붉은색 → 분홍색 → 살색)을 그대로 겪기는 했지만 비교적 빠르게 회복되어 친정엄마는 지금까지 딸이 얼굴에 심한 화상을 입었다는 것도 알지 못합니다.

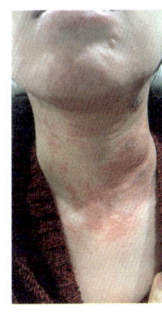 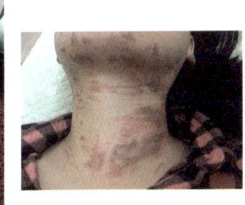 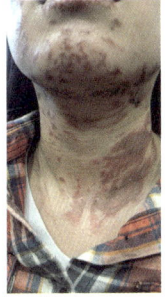 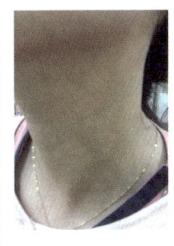

첫 번째 사진은 화상 직후 찬물로 조치한 것을 다시 더운물로 응급조치만 한 상태의 사진입니다.

두 번째 사진은 화상 다음 날 사진입니다.

세 번째 사진은 화상 4일 후 사진입니다.

네 번째 사진은 2주일 경과 후 사진입니다.

더운물이 닿기 어려워 제대로 후속 조치를 하지 못한 목 부분은 흉이 져서 분홍색으로 오래 남을 것 같아 다시 출근했을 때부터 제가 침으로 치료를 추가했습니다만 그래도 완전히 깨끗하게 나은 것은 의미가 있다고 생각됩니다.

이제 화상 응급조치는 찬물이나 흐르는 물에 씻어야 한다에서 뜨거운 물에 담가야 한다로 바뀌어야 할 것 같습니다. 그리고 간호법도 뜨거운 물찜질을 하는 것으로 바뀌어야 할 듯싶습니다. 응급조치라는 것은 일반적인 치료법과 달리 사전에 이미 충분히 알고 있어야 한다는 점에서 여러분께 꼭 알려드리고 싶었습니다.

그리고 또 하나 권하고 싶은 것은 화상을 입었을 때에 대비해서 미리 머릿속으로 시뮬레이션을 해두라는 겁니다. 최근에도 우리 카페에 11개월 된 아기가 상을 짚고 일어서다가 상 위의 커피를 쏟아서 꽤 넓은 부위에 화상을 입은 일이 생겼습니다만 엄마가 미리 시뮬레이션을 해둔 덕분에 욕조에 뜨거운 물 틀고 엄마와 함께 들어가서 수유를 하며 마음을 진정하는, 제대로 된 응급조치를 받을 수 있었습니다. 그 엄마도 비포 사진은 없고 뒤늦게 발견해서 조치가 부족했던 손목 부위에 아주 작은 물집이 터진 것을 만 하루가 지난 뒤에 애프터 사진이라며 올렸었습니다.

이 책을 읽는 여러분도 화상 응급조치법을 잘 알아두고, 어디서 어느 부위에 화상을 입으면 어떻게 해야겠다는 시뮬레이션을 미리 해둔다면 큰 화를 면할 수 있을 것입니다.

안아키의 많은 엄마들이 주방에서 조리하다가 뜨거운 물이 튀어서, 또는 뜨거운 것을 들다가 실수해서 손가락에 사소한 화상을 입으면 이것저것 살펴보지도 않고 그냥 손가락을 입안에 넣은 채 물고 있었다는 얘기를 합니다. 입안도 36도니까 제법 높은 온도죠.

모두가 경험해보았지만 화상은 사소한 것조차 쓰라림이 오래가고, 처음엔 이 정도는 괜찮겠지 했던 것도 나중에 보면 피부가 검게 변하면서 꽤 오래 애를 먹이는 경우가 있죠. 하지만 손가락을 입에 넣어서 물고 있는 것만으로도 한참 후에는 쓰라림도 없이 다 나아서 후유증을 찾을 수 없게 되니까 미리 시뮬레이션을 해두면 빠르고 간편하게 조치할 수 있습니다.

세상 어디에서도 화상엔 뜨거운 물로 응급조치하라는 정보가 없다 보니 어떤 안아키 회원은 아이가 화상을 입었을 때 맨 처음 행동요령은 다른 사람이 찬물로 응급조치할 수 없도록 아이를 사수한다고 해서 빵 터졌더랬습니다.

제가 화상에 관심을 갖게 된 것은 오래전 일입니다. 화상 치료 연구를 위해 제 발에 직접 뜸을 떠서 완전히 타버릴 때까지 기다리다가 3도 화상을 입은 적도 있습니다. 그때는 뜨거운 물찜질을 몰랐기 때문에 침과 외용제로 치료 연구를 했더랬습니다. 나름대로는 최소한의 흉터만 남기고 치료되는 방법을 찾았습니다만 시간은 오래 걸렸습니다.

온몸에 3도 이상의 심한 화상을 입은 환자들의 경우 피부 이식 과정에서의 트러블이나 후유증도 만만찮지만 그보다는 피부 위축으로 인한 화상 흉터가 피부호흡이 불가능한 상황이 되어 심한 천식을 수반하게 되는 것을 많이 봐왔습니다. 그런 사람들이 보기에 안타까워 계속 화상에 관심을 가지고 있었는데 어느 날 우연히 이런 아이디어가 떠올랐던 것입니다. 화상에 대한 저의 남다른 관심과 지속적인 연구의 결과물이니 저를 믿고 이 책을 읽는 여러분은 혹시 화상을 입었을 때 꼭 뜨거운 물찜질을 하기 바랍니다.

화상의 응급조치법과 가장 좋은 관리법

 화상은 곧바로 어떤 응급조치를 취하느냐가 너무 중요합니다. 순간의 선택이 이후의 모든 시간을 좌우하기 때문이죠.
 뜨거운 물에 화상 부위를 담가 화기를 더운물로 빼야 합니다. 화공 약품이나 자극적인 것으로 인한 화상은 뜨거운 흐르는 물로 화상 부위를 계속 씻어내면 됩니다. 손발이 아니어서 물에 담그기 어려울 땐 뜨거운 물수건을 만들어 계속 환부에 대놓아야 합니다. 우리 둘째가 얼굴에 화상을 입었을 때 목까지 걸쳐 있어서 물에 담그기가 어렵더군요. 숨은 쉬어야 하니까 말이죠. 그래서 뜨거운 물수건을 만들어 계속 대줬더니 동일한 효과가 났습니다.
 큰아들이 군대에서 휴가 왔을 때도 라면을 쏟아 발등이 부어올랐죠. 다다음날 귀대해야 하는데 발등이 그래서야 군화를 신을 수도 없잖아요. 그래서 대야에 더운물 받아 담그고 앉아 있으라고 했는데 따가워 죽겠다며 소리를 지르더군요.

  뜨거운 물에 화상 입은 부위를 담그면 몹시 따갑습니다. 저도 해봤는데요, 화상 입은 곳은 몹시 따갑고 화상 없는 부분은 아무렇지도 않더군요. 대개 물 온도는 40도 정도입니다.

  그러면 언제까지 하느냐? 따가움이 없어질 때까지 합니다. 많이 데지 않았을 때는 10분 안에 낫습니다. 깊은 화상은 20~30분 사이에 쓰라림이 진정되는 것을 느낄 수 있으며, 최대 한 시간 정도 걸립니다. 그 대신 이것으로 치료 끝입니다. 연고도 거즈도 필요 없고, 바로 일상생활로 흔적 없이 돌아갑니다.

  병원에서는 찬물로 식히고 연고 바른 거즈를 대고 진통제와 소염제 그리고 감염에 대비해 항생제까지 엄청나게 먹여대지만 치료에 걸리는 시간과 후유증이 적지 않습니다. 또 그 시간 동안 환자의 고통도 심각합니다. 이미 화상을 입었고 응급조치를 못했다면 지금부터라도 더운 물수건으로 환부를 자주 찜질해주면 훨씬 더 빠르게 낫습니다. 혹 더운물이 없다면 최대한 따뜻한 조치를 해주세요. 따뜻할수록 후유증이 적습니다.

  응급조치가 늦어 물집이 생긴 경우에는 잘 소독된 바늘로 물집을 살짝 터뜨린 뒤 깨끗한 거즈나 휴지로 가볍게 눌러 진물이 모두 나오도록 짜면서 닦아낸 다음 얇은 거즈 수건을 한 겹 덮고 그 위에 물수건을 이용해 뜨거운 물찜질을 하면 됩니다. 물집 때문에 이미 부풀어서 떠버린 표피 조직이라 하더라도 붕대나 거즈보다는 좋은 피부보호제 역할을 하기 때문에 되도록이면 다 나을 때까지 떨어지지 않게 관리하는 것이 좋습니다.

껍질이 이미 벗겨져 나간 경우라면 응급조치를 했을 때 화상으로 인한 쓰라림은 없어도 벗겨진 피부 때문에 접촉할 때 따가움은 있습니다. 이런 경우 역시 마찬가지로 얇은 거즈나 붕대를 덮고 그 위에 뜨거운 물찜질을 하면 됩니다.

화상은 처음에는 뜨거운 물로 찜질하는 것이 가장 좋습니다만, 그 이후에는 평소에 한 번씩만 뜨거운 물찜질을 해주고 늘 마르게 유지하는 것이 훨씬 좋은 방법입니다. 일반적인 처치에 따르면, 화상은 흉터 발생 운운하면서 습한 상태를 유지하려고 애씁니다만 제 연구 결과는 전혀 그렇지 않습니다.

피부는 오히려 마른 상태를 유지하는 것이 필요하고 햇빛을 쬐면 더 빨리 재생됩니다. 자주 햇빛을 쬐게 하고 피부를 마른 상태로 유지하다가 한 번씩만 뜨거운 물찜질을 해주면 가장 빨리, 가장 깨끗하게 낫습니다. 그래도 여러 가지 이유로 흉터가 생겼을 때는 한의원에서 침 시술을 받으면 흉터가 빨리 사라지거나 적게 남습니다.

물집이 벗겨진 자리는 외부 감염 방지를 위해 바셀린 같은 보호용 크림을 발라주는 것도 나쁘지 않습니다만 그보다는 잘 소독된 붕대를 감고 유지하다가 한 번씩 드레싱할 때 식염수로 잘 불려서 따갑지 않게 자연스레 떨어져 나오도록 관리하는 것이 좋습니다.

붕대를 떼어낸 후에 잠시라도 햇빛을 쬐어주면 재생이 더 잘됩니다. 화상에는 어떤 연고도 필요하지 않습니다. 치료를 위해서는 가장 좋은 것이 뜨거운 물과 햇빛입니다.

〈응급조치를 위한 시뮬레이션 예시〉

얼굴 전체
구부러진 빨대를 입에 물게 하고 대야에 뜨거운 물을 받아서 눈 감고 얼굴을 담그게 한다. 아이가 어려서 잘 못할 경우, 안거나 눕힌 상태에서 뜨거운 물수건으로 계속 찜질한다.

손가락 끝
종이컵처럼 작은 컵에 뜨거운 물을 받아서 담그면 되지만, 그것도 어려운 상황이면 입에 손가락을 물고 있다.

발
화장실 변기 뚜껑을 닫고 그 위에 앉힌 다음 대야에 뜨거운 물을 받아서 담그고 있게 한다. 대야가 없으면 샤워기로 뜨거운 물을 계속 흘려준다.

아기가 어릴 경우
화상으로 놀라서 우는 아이를 달래는 것이 어렵기 때문에 되도록이면 엄마가 젖을 물린 상태에서 할 수 있는 응급조치 방법을 찾는다.

제4장

병을 잘 이겨내는 튼튼한 아이로 키우려면

백신 설명서를 읽어보셨나요?

많은 사람들에게 질문을 던졌지만 단 한 번도 '예스'라고 대답하는 것을 본 적이 없는 희한한 질문을 여러분에게도 해보겠습니다. 질문 대상자는 모두 아이에게 백신을 맞힌 분들이었습니다. 여러분도 아이가 백신을 맞았다면 이 질문에 '예스'라고 대답하지 않을 것 같습니다.

"백신도 약인데 그에 대한 설명서를 한 번이라도 살펴본 적이 있나요?"

며칠 전 의료 기관 점검차 보건소 직원들이 저희 한의원을 방문한 적이 있었는데 그분들조차 제 질문에 별로 놀라는 일 없이 무신경하게 '노'라고 했습니다.

참 이상하지 않습니까? 아이에 대한 것이라면 대부분 엄마나 아빠들이 다른 경우보다 예민하게 조사하고 관찰하고 확인하는 습관이 있습니다. 그래서 장사하는 사람들은 가장 피곤한 고객이 아기 부모들이라고 말합니다.

마트에서 우유를 하나 사도 유통기한을 확인하고 식재료 하나 살 때도 GMO 콩인지 아닌지 확인합니다. 고기를 살 때도 원산지 확인을 하고 방부제 함유 여부를 체크합니다. 물티슈 하나에도 방부제 함유를 문제 삼습니다. 약을 먹일 때도 복용법을 꼼꼼히 체크하여 용량에 맞춰 먹이려고 하며 남은 약의 보관법도 확인하고 설명서 내용을 철저히 지키려고 합니다.

이런 것들은 혹 모르고 샀다 하더라도 확인한 뒤에 안 쓰거나 안 먹이면 되는데도 불구하고 이렇듯 습관적으로 예민하게 확인합니다. 그러면서 주사를 통해 일단 접종하면 몸 밖으로 빼낼 도리가 없는 예방접종은 6개월이 채 되기 전에 20회 넘게 접종하는 것이 보편적인데도 설명서를 본 적이 한 번도 없고 볼 생각조차 한 적이 없다는 건 무엇으로 설명될 수 있을까요?

한 치의 의심도, 확인도 없이 날짜 꼬박꼬박 지켜가며 백신을 맞힌 여러분은 아이를 대신해 부모로서 아이의 선택을 대신하는 책임을 충실히, 엄격히 다한 것일까요? 심지어 그날 접종하는 것이 무슨 병을 예방하는 것인지도 모르고 그냥 가서 맞힙니다. 백신 접종의 옳고 그름을 따지기 전에 여러분의 예방접종에 대한 태도는 과연 옳았다고 할 수 있을까요?

많은 사람들이 저를 두고 백신 접종 거부자라고 합니다. 하지만 진실은 그렇지 않습니다. 어떤 엄마가 제게 자기가 외국으로 남편을 따라 몇 년간 나가 살게 되었다고 하면서 그곳 풍토병에 대한 백신이 있다는데 어떻게 할까 하고 물었습니다.

그때 저는 설명서를 확인한 다음 투여 금기자나 신중 투여 대상자에 해당되지 않으면 접종할 것을 권했습니다. 풍토병에 관한 백신은 가까이할 기회가 없어서 설명서를 접해보지 못했기 때문에 직접 확인하라고 한 것입니다.

하지만 국내에서 생산되는 대부분의 백신 설명서는 다 확인했기 때문에 안전한 접종을 위한 여러 가지 권고 사항을 알려드릴 뿐인데, 문제는 설명서의 내용을 충실히 파악하고 따질 경우 실질적으로 접종 가능한 아기가 몇 명 되지 않는다는 것입니다. 그렇다 보니 당신의 아기는 이래서 접종할 수 없다, 당신의 아기는 저래서 접종할 수 없다고 말하게 된 결과, 안티백신주의의 대표자로 찍히게 된 것 같습니다.

또한 처음부터 아예 자연스럽게 앓는 것이 더 좋은 병들까지 백신으로 예방하려는 것에 대해서는 실제로 접종 자체를 반대하는 입장입니다. 가만히 둬도 자연스럽게 낫고, 어려서 앓을수록 후유증이 적으며 평생 면역이라는 엄청난 보상을 받게 되는 질환들은 백신으로 피하기보다는 오히려 앓는 것이 남는 장사입니다. 홍역, 수두, 볼거리 같은 병들이 그것이고, 백신이라는 이름 자체가 사기라고밖에 보이지 않는 자궁암 백신의 경우도 그냥 참고 보기 힘듭니다.

바이러스성 질환이 아닌 암에 무슨 백신이 있는가 싶어 내심 놀란 적이 있었습니다. 처음으로 TV에서 자궁경부암 백신이 개발되었다고 보도할 때였습니다. 말이 안 되는 일이라며 의학책을 새로 써야 하나 싶어 확인해봤더니 아니나 다를까 잦은 질염을 유발하는 바이러스에 대한 백신이었습니다. 그 제품이 왜 자궁경부암 백신으로 둔갑했을까 하는 점에 대해서는 잦은 질염을 겪으면 만성적인 질환 발전 가능성에 따라 자궁경부암의 발병 확률이 높아지기 때문이라는 궁색한 변명 같은 설명을 보았습니다.

결론적으로 말해서 백신이 실보다 득이 많다면 접종을 권합니다. 하지만 확인 결과, 득보다 실이 많다면 접종하지 않기를 권합니다. 이런 기준을 가지고 제가 확인하는 사항들을 여러분에게도 알려드릴까 합니다.

- 설명서에서 투여 금기자 또는 신중 투여 대상자라는 항목을 찾아 자신의 이이가 그 항목 중에 해당 사항이 있는지 없는지 확인하십시오.
- 모든 백신에는 방부제뿐만 아니라 여러 가지 첨가제가 들어 있습니다. 그런 방부제와 첨가제에 대해 당신의 아이가 알레르기를 일으킬 가능성은 없는지 판단해보십시오.
- 임상 시험 결과표가 기록된 설명서의 경우, 부작용 발현 비율을 확인하고 당신의 아이가 그 부작용 사례에 속할 가능성이 어느 정도인지 생각해보세요.
- 예방하고자 하는 병이 무엇인지 확인하고 예방접종을 하지 않았

을 때 당신의 아이가 그 병에 걸릴 확률이 어느 정도인지, 그러한 확률이 현실적인지 확인하십시오.
- 만약 당신의 아이가 예방접종을 하지 않아 그 병에 걸렸을 경우 어떤 의료적 치료가 가능한지, 미접종으로 인한 후유증은 어느 정도인지 확인하십시오.
- 당신이 오늘 아이에게 접종하려 했던 백신의 항체 형성률은 어느 정도인지 확인하십시오.

설명서에서 이 정도라도 확인한다면 당신의 선택은 분명 아이를 위한 안전하고 건강한 선택이 될 것입니다. 예방하고자 하는 병에 대한 정보는 공적 자료인 의학책이나 지식 백과 같은 것들을 통해 얼마든지 확인할 수 있고 그중에서도 가장 눈여겨봐야 할 것이 감염 경로입니다.

지난여름 메르스로 온 나라가 난리가 났을 때 국가에서 발표한 메르스 예방책은 우리가 결코 접할 일 없는 낙타에 관한 것이었고, 온 국민이 다양한 패러디로 웃게 만들었습니다. 그리고 정작 환자가 발생한 것은 낙타가 아닌 병원에서 메르스 환자와의 직접적인 접촉을 통해서였죠. 이 말은 감염경로가 현실적이어야 그 병을 두려워할 이유라도 된다는 것입니다.

일단 대부분의 아이들이 접종하는 백신의 제품명과 그 제품이 예방하고자 하는 병이 무엇인지라도 한번 알아볼까요?

⟨백신 제품명과 예방하고자 하는 질환⟩

헤파박스	B형 간염 예방 백신
BCG	결핵 예방 백신
DTaP	디프테리아, 백일해, 파상풍 혼합 예방 백신
폴리오	소아마비 예방 백신
Hib	뇌수막염 예방 백신
MMR	홍역, 유행성 이하선염(볼거리), 풍진 혼합 예방 백신
Vaf	수두 예방 백신
JE	일본뇌염 예방 백신
Flu	독감 예방 백신
로타릭스	로타장염 예방 백신
HepA	A형 간염 예방 백신

그리고 백신 종류를 간단히 정리해보겠습니다.

생백신(Live attenuated vaccines)

살아 있는 균이나 바이러스를 약하게 만들어 접종하는 방식으로 접종 후 바이러스나 세균이 몸에서 증식하지만 약독화(弱毒化)하였기 때문에 실제 질병을 일으키지는 않고 면역 기능만 활성화함. 체내에서 증식하는 방식이어서 상대적으로 적은 양, 횟수로도 강한 면역 반응을 일으킴.

사백신(Killed inactivated vaccines)

바이러스나 세균을 죽여서 만들거나 세균의 일부 항원 부분으로 만드는 백신이며, 일반적으로 항원보강제에 흡착하여 제조함. 살아 있는 세균이 아니기 때문에 접종으로 인한 병에 걸리지는 않으나 상대적으로 생백신보다 고용량이 투여되고 백신 구성 성분에 의한 과민 반응이 더 자주 발생함.

아단위 백신(Subnit vaccines)

세균의 단백질이나 당단백 성분을 재조합 DNA 기술을 이용하여 세균, 효모, 포유동물의 세포에서 생성하는 방식으로 만들어진 백신 (유전자 재조합).

변독소(Toxoid)

세균의 대사 과정에서 배출되거나 자체 구성 성분인 톡신(Toxin)에 화학약품이나 열을 가하여 면역 원성에는 영향을 주지 않고 자체의 독성은 파괴한 백신.

다음은 형태에 따른 백신 종류와 유형별 공통 주의 사항에 해당되는 것을 정리한 것입니다.

〈형태에 따른 백신 종류〉

생백신	홍역/유행성 이하선염/풍진 불활성 폴리오바이러스(Polio (Sabin)) BCG 수두-대상포진 황열 장티푸스(Typhoid-oral) 천연두 A형 간염
사백신	백일해 불활성 폴리오바이러스(Polio (Salk)) 인플루엔자 콜레라 공수병 일본뇌염 진드기매개뇌염
아단위 백신	뇌수막염 B형 간염 장티푸스(Typhoid (capsular polysaccharide)) 탄저병
변독소	디프테리아 파상풍

〈생백신 공통 주의 사항〉

1. 다음 환자에는 투여하지 말 것
   1) 중증 또는 열병 환자
   2) 현저한 영양장애자
   3) 예방접종, 외상 등으로 켈로이드가 인정되는 자
   4) 이 약의 성분에 과민한 자

5) 일반적인 피부 감염 및 심한 전신 피부 질환이 있는 자
6) 다음과 같은 심각한 만성 질환 : 만성 신장염, 지질성 신증, 심 질환
7) 전신 코르티코스테로이드 또는 방사선 요법을 포함한 면역 억제 치료를 받는 자: 면역이 억제된 환자에서는 발증할 수 있다
8) 악성 질환을 앓고 있는 자(예: 림프종, 백혈병, 호지킨병 또는 세망내피계의 다른 종양)
9) 면역결핍 질환, 정상적인 면역 기능이 불완전한 자(예: 저감마글로불린혈증)
10) 사람 면역결핍 바이러스(HIV) 양성으로 알려진 자 또는 의심되는 자(사람 면역결핍 바이러스 양성인 어머니로부터 태어난 신생아 포함)
11) 임부 또는 임신하고 있을 가능성이 있는 부인
12) 다른 생백신(경구용 폴리오 백신, 홍역 백신, 풍진 백신, 유행성 이하선염 백신, 황열 백신 등) 접종 후 4주가 경과되지 않은 자
13) 기타 예방접종 실시가 부적당한 상태에 있는 자
14) 치메로살(Thimerosal, 유기수은) 함유 백신:
　① 간질 또는 중추신경계의 유전적 질환의 가족력이 있는 자
　② 접종 전 1년 이내에 경련 증상을 나타낸 일이 있는 자 및 간질과 같은 신경 장애 가능성이 있는 환자
　③ 진행성 퇴행신경성 질환 환자
　④ 간질 또는 중추신경계의 유전적 질환의 가족력이 있는 자
　⑤ 최초 투여 시 중추신경계 부작용이 우려되었던 환자
15) 신생아

〈사백신, 아단위 백신, 변독소(toxoid) 백신 공통 주의 사항〉

1. 다음 환자에는 투여하지 말 것
　1) 약 성분에 과민증 환자(치메로살, 유당, 네오마이신 등)

2) 발열 환자
　　3) 중증의 급성 질환 환자
2. 상호작용
　　다른 생바이러스 백신의 접종 시기와 4주 이상 간격을 둔다.

〈백신 공통 주의 사항〉

1. 다음의 환자에게는 신중히 투여할 것
　　1) 심각한 열성 또는 전신 반응을 나타낼 수 있는 환자
　　2) 심한 심폐 장애자
　　3) 임산부, 수유부
　　4) 심혈관계 질환, 신장 질환, 간장 질환, 혈액 질환 및 발육 장애 등의 기초 질환이 있는 사람
　　5) 경련의 병력이 있는 사람
　　6) 과거에 면역 부전의 진단을 받은 사람

2. 일반적 주의 사항
　　1) 사용 전에는 반드시 이상한 혼탁, 착색, 이물질의 혼입 등 기타 이상이 없는지를 확인하고 이상이 있으면 사용하지 않는다.
　　2) 피접종자 또는 그 보호자에게 접종 당일 및 다음 날은 안정하게 하고 접종 부위를 청결하게 유지하며 접종 후 고열, 경련 등의 증상이 나타날 경우에는 신속히 의사의 진찰을 받도록 주지시킨다.
　　3) 급성 질환, 고열, 심한 피부 질환이 있는 환자는 이 약의 접종 시기를 연기할 것이 요구된다.
　　4) 아나필락시스(경련)는 드물지만, 백신 접종 시 아낙필락시스가 일어날 것을 대비하여 처치 시설을 갖춘 곳에서 접종한다. 가능하다면 접종 후 15~20분까지 환자에게서 알레르기 반응이 일어나는지 관찰한다.

5) 이 약은 운전이나 기계 조작 능력에 아무런 영향을 미치지 않는다.

3. 이상 반응
　　1) 간혹 국소 반응으로서 홍반, 통증, 종창, 경련, 미열이 생길 수도 있다.
　　2) 간혹 고열 발생(38.8도 이상)이 보고된 적이 있다.
　　3) 간혹 전신 반응으로서 권태, 피로, 두통, 구역, 구토, 어지러움, 근육통, 관절통이 생길 수도 있으며, 드물게 피부 발진이 보고된 바 있다.

4. 상호작용
　　1) 동시에 면역 억제요법을 받고 있는 환자의 경우에는 면역 반응이 감소될 수 있다.

※ 일부 백신 제품 설명서에는 원료에 대한 설명이 모두 공개되어 있지 않은 경우도 있음!

　앞에 나열한 공통적인 내용 외에도 각 설명서를 읽어보면 주의 사항이 각기 다르고 아주 사소한 증상을 겪은 것만으로도 금기자에 해당되는 경우가 있습니다. 흔히 경기라고 하는 경련 증상의 경험만 있어도 접종 금기자에 해당되며, 고열의 경험이나 알레르기 증상을 보이는 아이도 접종 금기자에 해당되는 백신이 많습니다.
　또한 임상 시험 과정에서 밝혀진 부작용이 적힌 설명서도 있습니다. 접종 한 시간 후부터 보름에서 한 달 후까지 세밀하게 적힌 설명서를 보면 일반인들의 예상과 달리 부작용 발현 사례가 50~70%를 넘는 것도 있습니다.

　이런 제품의 경우 어떻게 제조나 판매 허가가 나왔는지 과정 자체를 의심하게 합니다. 배양액으로 쓰이는 온갖 동물의 내장 조직도 알레르기 유발 원인으로 작용할 수 있을 뿐 아니라 백설탕과 조미료 성분까지 포함된 것들은 도대체 어떻게 받아들여야 할지 난감할 뿐입니다.

　이 모든 불리한 독소를 포함하고 있는데도 여러분은 아이를 위해 백신 접종을 하겠습니까? 예방 가능성보다 부작용 가능성이 훨씬 크고, 방부제라는 이름으로 각종 독소가 함유된 백신을 말입니다. 대표적인 방부제가 유기수은이고 페놀, 비소 같은 독극물은 물론 환경호르몬의 대표 물질인 포르말린까지, 게다가 중금속인 알루미늄 등 비전문가도 들으면 깜짝 놀랄 중금속과 독소가 든 백신을 한 번도 아니고 여러 번 어떻게 접종할 수 있습니까?

　또한 가족력을 따져서 접종 여부를 결정해야 하는 백신도 있지만 대부분의 소아과나 보건소에서는 접종 전에 이런 안전 접종 수칙을 전혀 확인하지 않는 경우가 대부분입니다. 따라서 엄마 아빠들은 꼭 설명서를 보고 아이가 접종 가능한 조건에 해당되는지 확인하기를 권합니다.

똑똑한 소화기 만들기는 이유기에 결정됩니다

 이유식에 관한 부분은 본래 따로 한 권의 책으로 낼 예정이었으나 이번 출판에 앞서, 먼저 펴내지 못한 이유로 이 책의 내용을 이해하는 데 꼭 필요하다고 생각한 주요 부분만 정리해서 집중적으로 소개합니다. 책의 주제와 다소 맞지 않다는 생각이 들더라도 이유기의 아기를 둔 엄마 아빠라면 꼭 읽고 잘 이해한다면 큰 도움이 될 것이라 믿습니다.

 일반적으로 이유기나 이유식과 관련된 정보들을 보면 대부분 5~6개월부터 18개월 전후까지를 이유기라고 하며, 젖을 떼고 일반식으로 모든 식사가 가능해질 때까지의 과정 전반을 지칭합니다. 젖으로만 에너지를 얻는 시기는 배 속에서 이 세상으로 태어나긴 했지만 엄마의 품을 떠날 수 없는 시기인 까닭에 굳이 이름을 붙인다면 바깥 태아라고 할 수 있습니다. 배 속이 아닌 바깥세상으로 태어나긴 했지만 탯줄 대신 엄마의 젖을 물고 사니 태아라고 이름을 붙여 보았습니다.

이유기는 엄마의 품에서 세상으로 한 번 더 태어나는 과정입니다. 배 속에 있을 때나 태어나서도 오로지 엄마의 몸에만 의존하던 아기의 영양 공급 체계가 아기 스스로의 몸으로 바뀌는 과정, 즉 영양 독립체로 태어나는 과정이 이유기인 것이죠.

그렇게 본다면 이유기의 목표는 소화기의 구조 완성과 소화기의 정상 작동을 돕는 것이 일순위입니다. 그래서 저는 이유기를 '똑똑한 소화기 만들기'가 목표인 시기라고 합니다. 젖만 먹던 아기가 일반식도 먹을 수 있게 훈련하려면 가장 부드럽고 소화가 잘되는 유동식에서 시작하여 점차 단단하고 다양한 식감의 음식을 경험하고, 또 다양한 재료들을 적절히 소화시키는 것을 배워야겠죠?

이유기는 운동력이 한창 활발해지는 시기이기도 하므로 영양의 공급도 당연히 중요합니다. 서투른 소화 기능 때문에 잦은 체증을 경험하고, 그로 인해 영양 공급에 문제가 생긴다면 곤란하겠죠? 월령에 따른 소화기의 발달 정도를 파악한 뒤 소화할 수 있는 재료들로 만든 먹거리를 주고, 또 소화가 제대로 되고 있는지 점검해가면서 진행되어야 합니다.

많은 사람들이 이유기를 성장이 왕성해져서 영양 공급이 더 많이 필요해지는 시기라고 말합니다. 그래서 철분이다 영양제다 고단백 식품이다 주장하며 이유기에 먹이기를 권하기도 하죠. 하지만 영양으로만 따진다면 모유나 분유가 영양도 많고 흡수도 용이하기 때문에 양만 늘리면 충분히 해결됩니다. 따라서 영양 보충이 이유기의 목표라는 생각은 부적절하다고 봅니다.

그렇다면 똑똑한 소화기란 어떤 것을 뜻하고, 어떻게 만들어지는 것일까요?

첫째, 소화기의 똑똑함은 식욕을 통해 확인됩니다. 때가 되어 끼니를 놓쳤으면 배가 고파야 하고, 먹고 싶어야 하죠. 그런데 안 먹고도 배가 고프지 않다면? 똑똑한 소화기가 아닙니다.

반대로 많이 먹었는데도 계속 먹고 싶다고 해서 매 끼니 과식한다면? 그로 인해 자주 배탈이 나는데도 식욕이 조절되지 않는다면? 역시 마찬가지겠죠.

둘째, 적절한 음식을 적당히 먹었는데 자주 체하거나 배탈이 난다면? 역시 똑똑한 소화기가 아닙니다.

셋째, 어쩌다 한 번 잘못 먹어서 배탈이 났는데 시간이 지나도 쉽게 회복되지 않는다면? 똑똑하지 못한 소화기임에 틀림없습니다.

이 세 가지가 모두 합쳐서 적절한 식욕과 활발한 소화력, 왕성한 회복력을 보여주는 것이 똑똑한 소화기입니다. 그리고 활발한 소화력과 왕성한 회복력은 다시 식욕과 대변 상태를 통해 확인할 수 있습니다.

그럼 똑똑한 소화기 만들기는 어떻게 해야 할까요? 식욕이라는 감각적 반응이 조건에 맞게 일어나야 하고, 먹거리에 맞는 소화력이 발휘되어야 하며, 소화기 자체 정비 시스템이 잘 만들어져야 가능하겠죠. 그러므로 이유기는 이런 것들에 초점을 맞추어 살펴가며 리드

해주는 과정입니다. 식욕을 감각적이라 표현했는데요, 이런 감각적 발달은 신경 체계에 속하는 것으로 신경 발달이 우선되어야 합니다.

그런 신경 체계의 발달을 위해 꼭 필요한 것, 아니 더 필요해지는 것이 바로 신경 전달 물질인데요. 이 신경 전달이라는 것은 한마디로 전기 또는 전파의 작용과 유사합니다. 그런 전달 매개로서의 영양 성분이 바로 전해질 물질들이고, 수많은 수용성 이온들이 이런 작용을 합니다. 따라서 소금과 물은 우리 몸의 생체 전파 작용을 돕는 촉매제입니다.

활발한 소화력은 온전한 소화기의 구조와 다양한 효소 활동을 뜻합니다. 아기들의 소화기 가운데 위장의 구조를 보면 처음에는 식도에서 소장까지의 형태가 거의 일직선으로 되어 있습니다. 그러다가 점차 소장과 연결된 위장 아랫부분이 위로 올라오는 모양으로 바뀌면서 위장 만곡(彎曲) 형태로 완결됩니다.

이렇게 끝이 올라가는 형태로 완결되어야 음식물이 위장에서 소화를 끝낼 때까지 역류되지 않고 유지됩니다. 처음에 젖을 먹일 때 등을 두드려 토유가 되지 않도록 해주는 것도 위장의 형태 때문입니다. 그렇게 해주지 않으면 토유가 되기 때문입니다.

위장이 이렇게 정상적인 완결판 모양이 될 수 있게 하려면 위장에 오래 머물러 있으면서 무게감을 주는 먹거리가 들어가야 합니다. 분유나 젖처럼 그저 통과하기만 하는 먹거리는 굳이 간직해야 할 필요성이 없기 때문에 용불용설에 의해 발달되지 못하고 계속 길쭉한 일직선 모양으로 남을 수 있습니다. 이유식을 묽지만 젖보다는 조금 되직한 유동식에서 점차 고형식으로 확장해가야 하는 이유입니다.

그다음은 효소의 발달입니다. 흔히 소화효소라는 말을 많이 쓰죠. 우리 몸이 스스로 만들어내는 수많은 효소야말로 소화작용의 진짜 주인공들입니다.

모든 효소는 효모에서 나옵니다. 성인 기준 1kg 이상 되는 무게가 공생균의 무게입니다. 눈에 보이지도 않는 미생물의 존재를 생각하면 그 정도의 무게는 엄청난 양을 의미하죠. 그중에서도 소화기에 서식하는 효모, 즉 발효균이 가장 많습니다.

그러므로 소화에 도움이 되는 좋은 미생물이 많이 살 수 있도록 만들어야 한다는 결론은 이미 짐작이 가지만 어떻게 해야 유익한 장내 세균들이 많아지게 할지가 관건입니다. 여기서부터는 미생물의 특징을 모르면 이야기를 진행하기 어렵겠죠? 이 부분은 설명이 좀 길어질 것 같고, 또 항생제 문제와도 관련된 것이어서 따로 설명하겠습니다.

아무튼 짧게 정리하자면 소화력의 발달을 위해서는 천천히 지속적으로 음식의 형태를 고형식으로 바꿔가야 한다는 것과, 소화를 주관하는 장내 세균의 양적 증가와 활동이 중요하다는 것입니다.

소화기의 회복력이라는 말은 잘 쓰이지 않는 것 같습니다. 하지만 저는 이 부분이 정말 중요하다고 생각합니다. 왜냐하면 이유기에 이 회복력을 확실히 키워두지 않으면 평생 소화기 문제를 달고 살 수도 있기 때문입니다.

　내장은 각기 나름대로의 특징적인 움직임을 보여줍니다. 폐나 심장은 하루 종일, 심지어는 우리가 잠을 잘 때도 일합니다. 쉬지 않고 일하기 때문에 그 움직임이 커서도 안 되고 피로감을 줄 정도로 힘든 것이어도 안 됩니다. 그래서 우리는 심장이 뛰는 것도, 숨을 쉬는 것도 특별히 주의를 기울여 관찰하지 않으면 잘 느끼지 못합니다.

　하지만 위장이라는 곳은 매우 다른 특징을 가지고 있습니다. 음식을 먹으면 조건반사처럼 움직이기 시작하고, 크게 움직이며 활동하기 때문에 밥을 먹으면 배가 불룩 올라온 것을 느끼게 되고 소화가 되어 내려가면 배가 꺼집니다.

　낮이든 밤이든 무언가를 먹으면 그때부터 움직이기 시작하는 특징을 가지고 있기 때문에 하루에 세 끼라는 간격을 둔 시간 단위로 활동하게 합니다. 하루 딱 세 번 크게 움직이는 것이 위장이 가장 효율적으로 활동할 수 있는 건강한 리듬입니다.

　소화기가 약해서 배탈이 자주 난다는 이유로 일정한 시간에 일정한 양을 주는 방식을 피하고 적은 양의 음식을 자주 먹이는 방식을 쓰면 위장은 스트레스를 받습니다. 집에서도 이와 비슷한 경험들을 자주 한다고 들었습니다. 남자들은 힘든 일이라도 아내가 부탁하면 한 번쯤은 열심히 해줍니다. 하지만 사소한 일이라도 자꾸 해달라면 나중에는 화를 내거나 열을 받아서 일을 하지 않으려 듭니다. 이것이 여자들의 일하는 습성과 남자들의 일하는 습성의 차이죠.

심장 및 폐의 작업 특징과 위장의 작업 특징이 다른 것하고 참 닮았다는 생각이 듭니다. 이런 발달을 위해 이유식에서 시간 간격을 점차 벌리다가 하루 세 끼로 귀결되게 하는 것은 이유기의 중요한 목표 중 하나입니다. 그러니까 결론은 이유기에 이유식을 주는 세 가지 기준을 모두 지키면 똑똑한 소화기 만들기가 완성될 수 있다는 말입니다.

 다시 한 번 정리하면 이유기의 목표는 똑똑한 소화기 만들기이고, 똑똑한 소화기를 만들려면 이유식은 최대한 발효식에서 점차 생재료 그대로 먹는 조리법으로, 부드러운 식감에서 점차 고형식으로, 짧은 식사 간격에서 점차 길어지는 식사 간격으로 바뀌어갈 수 있도록 해줘야 한다는 것입니다.

 구체적인 설명이 필요한 부분들은 이 책의 다른 글에서 소개할 것입니다.

각 단계별
이유식 노하우

먹거리에 대해 가장 정통성을 인정받는 기준은 치아의 수로 보는 식품 비중입니다. 치아 구조가 완성된 성인의 치아를 기준으로 보면 어금니가 제일 많은 16개이고 그다음은 앞니 8개, 그리고 송곳니 4개입니다.

이것은 인간이 음식을 어떻게 먹어야 좋은지를 알려주는 유전자의 표현이라고 합니다. 어금니는 곡물 같은 것을 빻고 갈아 먹는 데 쓰이고, 앞니는 풀이나 과일 같은 것을 자르고 갉아 먹는 것이고, 송곳니는 뜯어 먹는 도구죠. 곡류와 야채나 과일 그리고 육류의 비율을 치아의 비중에 대입하면 반 이상이 곡류이고, 30% 정도가 야채와 과일, 15% 정도가 육류라는 결론이 나옵니다.

또한 치아의 강도가 섭취하는 음식물의 부드러움과 단단함을 결정짓는다고 합니다.

치아의 뿌리가 단단하게 잇몸 속에 박혀 있으려면 영구치가 나와야 합니다. 그러려면 적어도 8세 이상은 되어야 가능하겠죠. 치아가 모두 올라와 전체 치아 구조가 완성되는 12세 전후, 즉 소아기가 끝날 때까지 성인식 식단을 먹고 알맞은 영양 상태를 확보할 수 있도록 습관을 들여야 한다는 뜻입니다.

이제 식단 변화의 첫걸음인 이유기는 언제가 적당하며, 이유식은 어떤 기준으로 늘리고, 식품 비중을 맞추어야 하는지 알아봅시다.

치아가 없어도 젖을 먹고 밥물을 먹고 과일즙이나 주스를 먹을 수 있습니다. 즉 유동식에 해당되는 부드러운 음식을 먹을 수 있다는 뜻입니다. 그러나 고형식은 먹을 수 없죠. 유동식에서 고형식으로 넘어가는 시기가 바로 이유기입니다.

보편적 데이터로 보면 생후 6개월을 전후하여 앞니 두 개가 나기 시작합니다. 과육이나 죽 같은 중간 고형식을 먹을 수 있다는 뜻입니다. 아기들의 몸은 자연 그대로인 까닭에 자신에게 필요한 것을 정확히 요구하는 신호들을 보내는데, 그중에서 이유식의 기준으로 가장 중요한 것이 치아 발생과 침 분비입니다.

이유식 1단계

아기는 앞니가 나기 시작하면서 침이 흐르는 것을 볼 수 있습니다. 이것은 소화의 1단계, 즉 침을 묻혀 음식물을 삭이는 것이 가능해졌다는 신호입니다. 이때부터는 이유식을 시작할 수 있습니다.

침이 많아진다는 것은 소화력이 강화된다는 의미이고, 침을 흘린다는 것은 혀의 작동이 원활하지 못해 입안에서 음식물을 돌려가며 골고루 씹지 못한다는 의미이기도 합니다.

이때는 이유식을 시작하기엔 적절하지만 유동식을 넘어 입안에서 굴려가며 먹어야 하는 음식물은 먹을 수 없다는 의미로 이해해야 합니다.

또한 이 시기는 앞니라 불리는 중절치가 나기 시작하는 시기와 일치합니다. 중절치는 음식물을 자르고 갉아 먹을 수 있는 치아로, 자르고 갉아 먹는 것이 가능한 재료는 과일과 야채를 들 수 있습니다. 이는 이유식의 1단계에 과일과 야채를 주재료로 이용해야 하는 이유입니다.

곡물도 재료로 활용하되 곡물 자체보다는 곡물에서 우려낸 국물 등을 활용하는 게 좋습니다. 예전 말로는 암죽이라고 표현하는데, 밥물이라는 이름의 미음이 그런 종류입니다. 다른 말로는 곡물 수프라고도 합니다.

침으로 소화할 수 있는 음식물만 먹일 수 있다고 보면 지방질은 침으로 소화되기 어려운 것이므로 지방질이 많은 식재료는 피해야 합니다. 침을 흘리는 정도가 현저히 줄어들 때까지 곡물 수프류를 이용하시는 것이 좋습니다.

치아 발생의 자극감과 침샘의 발달에 따라 침을 흘리는 것이 줄어들었다가 다시 또 흘리기를 하는데 대개 두 번 이상 반복됩니다. 이

시기를 마치면 침을 거의 흘리지 않게 되는데, 침을 흘리지 않는다는 것은 침샘의 발달이 끝나고 혀의 작동도 확연히 좋아졌다는 의미입니다.

이런 변화를 겪고 아이의 입에서 침이 더 이상 흐르지 않을 때 곡물죽 타입으로 음식을 바꾸는 이유식 2단계로 진입하며, 이제는 재료를 좀 더 다양하게 선택해도 좋다는 의미가 됩니다.

〈이유식 1단계 정리〉

시기의 기준	첫 앞니가 나면서 침 흘리기 시작하는 때부터
주요 이유식 재료	과일, 채소류 등 앞니로 갉아 먹거나 끓여 먹을 수 있는 식재료와 곡물의 미음류
피해야 할 이유식 재료	지방류

이유식 2단계

침샘의 구조와 기능이 온전히 만들어지면 혀의 작동이 활발해지면서 더 이상 침을 흘리지 않게 되고, 이때부터는 위의 활동이 활발해집니다. 이때가 2단계 이유기입니다.

두 번째 앞니, 즉 측절치가 나는 시기입니다. 측절치가 난다는 것은 입자가 조금 더 큰 음식물도 먹을 수 있다는 의미이며 동시에 섬유질이 많은 것도 소화할 수 있다는 뜻입니다.

대개 8~9개월 전후가 되면 침을 확연히 덜 흘리는데, 이때는 위에서 위액의 분비가 활발해지고 단백질의 소화가 더 강화되며 소화에 관여하는 다양한 효소들도 다량 분비되기 시작합니다. 하지만 소장은 아직 충분한 분해 흡수 능력을 갖추지 못한 상태이기 때문에 이유식 재료로 식물성 지방 정도는 사용 가능하지만 동물성 지방은 사용하기에 아직 적절하지 않습니다.

이 시기에 필요한 단백질 역시 식물성 단백질을 충분히 활용할 필요가 있습니다. 송곳니가 나지 않았다는 것은 아직 육류를 소화하기엔 무리가 있다는 아기 몸의 신호이므로 콩과 같은 식물성 단백질을 활용하는 것이 좋습니다.

또한 버섯류, 견과류, 해조류를 이용한 단백질 공급도 필요하고 적절한 시기입니다.

곡물을 이용한 단백질 공급이 좋다는 분들도 있지만 이것은 도정된 흰쌀이나 흰 밀가루로는 불가능하며, 현미와 같은 완전 곡물을 그대로 활용할 때 가능한 이야기로, 도정하지 않은 곡물류는 충분히 익히는 방법을 사용하면 흡수에 무리 없는 단백질 공급원이 될 수 있습니다. 소화 흡수가 용이하도록 만드는 특별한 조리법은 냉동과 해동을 반복하는 것입니다.

<이유식 2단계 정리>

시기의 기준	두 번째 앞니(측절치)가 나면서 침 흘리기가 줄어드는 때부터
주요 이유식 재료	1차 이유식 재료 이외에 식물성 단백질의 적극 활용과 버섯류, 견과류, 해조류 등의 다양한 단백질 먹거리
피해야 할 이유식 재료	동물성 단백질/지방류

이유식 3단계

그다음은 소장 활동이 활발해지면서 우리 몸속의 각종 소화효소가 모두 공급되기 시작하는 3단계로 접어듭니다. 소장과 대장의 기능이 충분히 확립되는 시기이며, 그 이후는 일반식이 모두 가능해집니다.

송곳니가 막 나기 시작하는 때부터 시작해서 이유식 3단계에 진입합니다. 어른들이 먹는 것만큼의 다양한 음식물을 전부 먹을 수는 없지만 재료는 어른들과 별 차이 없이 모두 쓸 수 있습니다.

이 시기의 기준이 되는 어금니와 송곳니가 난다는 것은 곡물과 육류 모두 흡수할 준비가 되었다는 뜻의 아기 몸의 신호로, 재료에서는 굳이 금할 것이 없다고 볼 수 있습니다. 다만 어른들보다 조금 덜 자극적인 것, 조금 덜 단단한 것 정도가 이유식의 특징이라고 볼 수 있습니다.

하지만 이 시기에 정말 중요한 것은 재료가 아니라 씹는 습관의 훈련입니다. 소장은 1밀리미터 크기를 넘으면 받아들이기 어려운 곳입니다. 이는 아기가 먹은 음식물 입자가 위에서의 소화 과정이 끝날 때 1밀리미터 크기보다 작아야 원활한 소화가 이루어진다는 의미입니다.

따라서 입과 위에서의 소화 과정을 통해 충분한 준비가 되어야만 소장으로의 유입과 영양의 흡수가 가능해지기 때문에, 그만큼 씹는 것의 중요성을 간과해선 안 되는 중요한 시기입니다. 이 시기에 대충 씹어서 삼키는 버릇을 잘못 들이면 갑작스러운 복통이나 소화 장애를 자주 경험하기 쉽습니다.

올바른 씹는 습관을 위해서는 오래 씹어야 목으로 넘길 수 있는 음식물을 아기에게 주는 것이 효과적입니다. 뭔가 입에서 깔깔하고 질긴 것들이 적절한 이유식의 재료일 수 있습니다.

입이 고생하면 몸이 즐겁다는 것을 직접 몸으로 배워야 하는 시기인 이유식 3단계에서는 섬유질이 조금 질긴 야채나 현미밥 같은 것들이 아주 의미 있는 재료가 됩니다. 또한 생선이나 육류도 그냥 넘기기보다는 씹어야 넘길 수 있도록 이유식을 준비하는 것이 좋습니다.

너무 잘게 부수어 씹을 것도 없는 고기는 영양 보충은 되겠지만 소화기의 적절한 발달과 좋은 식습관 들이기에는 부적절합니다.

〈이유식 3단계 정리〉

시기의 기준	송곳니가 막 나기 시작하는 때부터
주요 이유식 재료	제한 없음. 씹기 어려운 질긴 섬유질 제공 필요
피해야 할 이유식 재료	올바른 씹는 습관 기르기가 가장 중요

참고로 치아 발생의 순서와 일반적인 발생 시기를 살펴보면 아래와 같습니다.

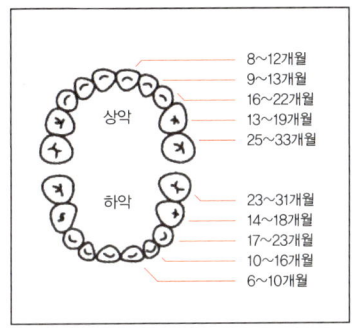

〈유치 나오는 순서〉

첨언

요즘은 채식이 유행하면서 아기들도 채식을 하는 가정이 늘고 있습니다. 이유기부터 채식을 하면 입맛이 길들여진다면서 이유식을 온전히 채식만으로 하는 엄마들도 많은데, 저는 나중에 아이가 자라서는 채식도 좋지만 이유기에, 성장기에는 가급적 채식과 육식을 골고루 하는 것이 더 좋지 않을까 생각합니다.

영양소에는 세 종류가 있습니다. 몸을 구성하는 틀을 만드는 데 쓰이는 집짓기 블록 같은 것을 구성소라 하고, 집을 유지 및 관리하는 데 필요한 것들을 조절소라 하고, 힘을 내는 데 쓰이는 전력 공급 역할을 하는 것을 열량소라고 합니다.

성장기는 몸을 키우는 시기이므로 매일매일 많은 집짓기를 해야 합니다. 단순히 만들기만 하는 것이 아니라 아주 단단한 뼈와 치아도 활발하게 만들어지는 시기여서 단단한 구성소가 많이 필요합니다.

채식은 구성소가 전혀 없는 것은 아니지만 조금 부족한 편입니다. 일반적으로 알고 있는 영양소를 기준으로 하자면 단백질과 일부 지방이 구성소에 해당됩니다. 그러므로 사랑니를 제외한 모든 영구치가 완결되는 12세 전후까지는 가급적 골고루 먹이는 게 좋지 않을까 하는 것이 저의 생각입니다.

이유식의
재료별, 조리별 특징과 의미

　이유식은 단계별 변화도 중요하지만 다양한 조리법을 통해 여러 가지 식감과 맛과 형태의 음식을 섭취할 줄 아는 입맛으로 길들이는 것도 중요합니다.

　그리고 인간이 먹는 것 중에서 이유식이든 일반식이든 간에 가장 중요한 것이 물이고, 그다음이 소금입니다. 한의학에서 운용하는 모든 것의 원리는 음양 이론입니다. 음양의 균형을 맞추는 것이 가장 조화롭고 건강한 방법이 된다 이런 말이죠. 그렇게 보면 음(陰)의 대표가 물이고, 양(陽)의 대표가 소금입니다.

　그러므로 이유식에서 가장 먼저 배워야 할 것이 물 마시기와 소금 먹기입니다. 그런데 이런 중요한 의미를 모른 채 이유식을 말할 때 어른들이 먹는 죽에서 소금 간을 빼면 이유식이라고 표현하는 사람들이 많습니다.

　제가 도서관에서 여러 종류의 이유식 책들을 둘러보았을 때도 하나같이 그렇게 적혀 있었습니다. 도대체 이유가 뭘까? 어디에 근거를 두고 이런 말을 하는 걸까 싶어 한참 찾아본 결과, 신장 기능이 미성숙하기 때문에 소금 간을 하면 신장에 무리가 온다는 식으로 설명하고 있더군요.

아기들은 배 속에서 태아로 있을 때도 엄마의 양수를 먹고 뱉으며 소화기 연습용으로 활용합니다. 그 양수는 0.9% 식염수인 셈입니다. 또 태어난 다음에 먹는 엄마의 젖 역시 염분 비중으로만 보면 0.9% 식염수입니다.

배 속에서부터 잘 먹고 잘 처리하던 소금을 왜 갑자기 이유기에 치아가 두 개 나면 못하는 걸까요? 이는 소금의 의미를 제대로 이해하지 못하고 저염식을 추종하는 사람들의 맹신에서 비롯된 것이 아닌가 싶습니다.

이유식은 물과 소금이 용해된 소금물 0.9%의 비중인 젖에서 점차 염분과 물을 분리하여 다양하게 먹을 수 있는 것이 첫 번째 몸공부 순서라고 할 수 있습니다. 젖은 단순히 물과 소금의 용해로만 된 것이 아니고 가장 부드럽게 발효까지 마친 소금물인 셈이지요.

여기서 잠시 소화라는 말의 의미를 한번 새겨볼까요? 소화는 우리 몸속에서 일어나는 발효 과정입니다. 생것을 먹고 입에서 당 분해를 시키고, 위에서 산으로 녹이고, 소장에서 알코올 발효를 거친 다음 대장에서 숙성까지 하게 되면 소화가 다 된 것이라고 할 수 있습니다. 그 때문에 소화기의 부담을 줄이면서 가장 많은 영양소를 흡수하는 방법이 발효식을 먹는 것입니다.

그리고 완전 발효를 마친 식품이 엄마의 젖입니다. 이제 엄마 젖을 떠나 생것까지 먹으려면 발효 과정이 하나씩 생략된 것들부터 연습해가야 합니다. 순서대로 말하자면 발효식→익힌 요리→생것, 이렇게 섭취해갈 때 가장 활발하고 건강한 소화기가 완성된다는 얘기입니다. 그 다음에는 각 재료별로 어떤 것이 있고, 어떻게 먹여야 할지 알아보겠습니다.

물과 소금

1단계 이유식은 일반식 중에서 가장 많이 발효된 것으로 하고, 2단계 이유식은 조금 더 생것에 가까운 것을 추가하고, 3단계가 되면 완전 생것을 먹이기 시작합니다.

그것이 소금이든 뭐든 모두 마찬가지입니다.

물 역시 끓인 물에서 점차 생수로 넘어가는 것이 적절합니다. 따라서 처음 이유식을 시작할 때 아기에게 좋은 물은 끓인 물이고, 아기에게 좋은 소금은 발효 소금 또는 구운 소금입니다. 이유기가 끝날 때쯤에는 생소금을 먹어도 됩니다.

구운 소금은 시중에 많은데 발효 소금은 잘 모르시겠죠? 바로 장류, 젓갈류가 발효 소금입니다. 아기 이유식용 간으로 전통 간장, 전통 된장 그리고 3단계부터는 새우젓을 쓰면 좋겠죠?

물도 좋은 물을 쓰면 더할 나위 없겠지만 워낙 세상이 많이 오염된 탓에 그저 깨끗한 물만 되어도 감사하다는 생각이 듭니다. 일반 가정에서는 큰 독에 물을 받아 하루 저녁 가라앉힌 다음 그 물을 끓여 이유식을 만들거나 그냥 먹이면 되고, 정수된 물을 끓여서 깨끗한 유리병에 따로 두고 먹여도 좋습니다. 아니면 흔히 먹는 끓인 물 중 보리차, 둥굴레차 같은 것을 끓여 먹여도 좋습니다.

어른들이 먹는 방식의 우려내는 차는 이유식을 처음 시작하는 아기들에게는 적절치 않습니다. 그러나 2단계로 넘어가면 우려내는 차도 괜찮습니다. 생수는 이유식 3단계나 가야 먹을 수 있습니다.

이렇듯 섬세하게 이유식을 관리해주면 처음부터 탈 없이 이유식 과정을 잘 따르기 때문에 아기들이 배탈 설사 없이 이유식 과정을 마치고 똑똑한 소화기를 가지게 됩니다. 그다음엔 드디어 영양 독립체로서 엄마의 품을 완전히 벗어나게 되는 것이죠.

곡물류

곡물은 종류보다는 어떻게 조리되는지가 더 중요합니다. 엄밀히 따지면 곡물은 어금니가 나야 먹을 수 있습니다. 하지만 우리는 어금니가 나지 않아도 조리 과정을 통해 충분히 고운 입자로 만들 수 있기 때문에 부드러운 베이스로 곡물을 사용합니다.

그러나 이유식을 처음 할 때는 냉동해동법을 활용해 소화가 잘되도록 미리 곡물 가루를 만들어두는 게 좋습니다. 냉동해동법이란 곡물을 물에 씻어 불린 후 냉동실에 넣고 불린 물이 꽝꽝 얼 때까지 두었다가 다시 꺼내어 자연해동을 시킨 다음 물을 뺀 것을 말합니다.

이 냉동해동법은 우리 조상님들이 지금 같은 요리 도구들이 없던 시절에 강정을 만들고 튀밥을 만들어 먹던 전통 조리법 중 하나입니다. 뻥튀기 기계가 없던 시절에 설 명절 음식으로 강정이 있다는 것은 참 신기한 일이죠? 유과는 그나마 기름에 튀겨 부풀리는 방식이라 이해되지만 강정은 기름이 전혀 들어가지 않은 것이어서 참 신기하다고 생각했던 적이 있습니다. 알고 보니 바로 계절적 특징을 이용해 냉동해동법을 활용한 결과더군요.

설은 가장 추운 계절인 겨울의 한가운데에 있죠. 이때 쌀이나 콩을 물에 불린 뒤 대나무 채반 같은 것에 물기를 빼고 바깥에 두면 곡식 내부의 물기 때문에 얼음이 얼죠. 계속 그대로 두면 밤에는 얼음이 얼었다 해가 뜨는 낮에는 풀렸다 하며 곡식에 자연스럽게 균열이 일어나면서 외형상으로는 그대로인 듯 보이지만 아주 쉽게 부스러지는 연하고 바삭한 곡식이 됩니다. 이것을 가마솥 뚜껑을 뒤집어 불에 올리고 그 위에 놓아 덖기만 하면 팝콘처럼 튀면서 튀밥이 됩니다.

이와 똑같은 방식으로 불린 쌀을 물이 담긴 상태 그대로 냉동시켰다가 꺼내 해동시키고 햇빛에 말려서 가루를 낸 뒤 이유식용 죽을 만들면 됩니다. 곡물은 주성분이 당분이라 따로 발효를 시키지 않아도 소화 흡수에는 문제가 없기 때문에 입자 크기만 조절되면 이유식으로 충분합니다.

최근에는 현미로 이유식을 하느냐 마느냐, 현미에 독성이 있다 없다로 말들이 많은 것 같습니다. 이런 점은 발아를 통해서 해결됩니다. 제가 가장 추천하는 방식은 발아 곡식을 냉동해동법으로 가공해서 이유식을 만드는 방식입니다.

과일과 야채

과일도 이유식 1단계에서는 생것으로 주지 않습니다. 익주스를 해서 먹이거나 병조림 같은 것으로 만들어서 주거나 아니면 발효시켜서 식혜 형태로 주는 것이 좋습니다.

과일은 대부분 씨방입니다. 씨방은 씨앗을 자라게 하기 위해 씨앗의 영양으로 작용하도록 만들어진 것입니다. 물론 다른 동물이 먹어서 배변을 통해 씨앗을 퍼뜨리도록 미끼 역할도 하지만 기본적으로는 씨방입니다. 씨앗이 먹고 자랄 수 있는 영양이라면 사람으로 비유했을 때 젖에 가까운 물질이겠죠? 그래서 단순 야채보다 먼저 생것으로 넘어가도 되는 것입니다.

1단계에서 가장 적절한 것은 과일이나 야채를 넣어서 만든 식혜 또는 발효 잼입니다. 과일 발효 잼은 조청 타입으로 만들어지기 때문에 1단계 이유식을 하는 아기들에게 별다른 소화 장애 없이 먹일 수 있고, 장내 유익한 세균의 수를 늘리는 역할을 합니다.

야채는 처음에는 익힌 것을 먼저 주고, 그다음에 발효 가공된 것을 줍니다. 가장 좋은 것은 처음에 발효 가공된 것을 익혀서 주고, 그다음에는 발효 가공된 것을 생것으로 주고, 그다음에는 생것을 먹이는 방식이 가장 좋습니다만 대부분의 집에는 건강한 발효 가공 야채가 없기 때문에 현실적인 상황을 고려해 익힌 야채를 먼저 주고, 그다음은 조금 익힌 야채, 데친 것 같은 종류를 주고, 그다음에 생것을 먹이는 순서를 따르면 적절하다는 얘깁니다.

발효 가공은 가장 쉽게 볼 수 있는 것으로 장아찌류를 말합니다. 하지만 제가 쉽게 장아찌류를 추천하지 못하고 대부분의 집에 건강한 장아찌가 많이 없다고 하는 이유는 여러분이 알고 있는 식초 물에 우려낸 장아찌는 제가 말하는 그 장아찌가 아니기 때문입니다.

진짜 장아찌는 전통 단무지나 전통 식혜처럼 발효 조리를 통해 자연스럽게 만들어집니다. 이렇게 만드는 것이 어려울 때는 가장 쉬운 방법으로 만들어지는 발효 음식으로 백김치를 추천합니다.

백김치 다음으로는 매운 김치를 물에 씻어 매운 기를 빼고 먹이면 되겠죠? 김치를 잘 씻어서 매운 기를 뺀 다음 잘게 잘라 이유식 재료로 활용하면 충분히 좋은 이유식이 됩니다.

그다음으로 좋은 이유식 재료 만들기로 발효당 가공이 있습니다.

매실청처럼 과일이나 야채로 청을 만들어두고 활용하면 좋은 이유식 재료가 됩니다.

그다음은 묵나물입니다. 묵나물은 시금치, 무처럼 특정 야채의 명칭이 아니라 채취 후 말려서 보관하는 묵힌 나물, 묵은 나물이라는 의미의 총칭입니다. 예전 어른들이 야채가 부족한 겨울을 나기 위해 또는 제철이 아닌 때에 먹기 위해 보관법으로 선택한 것이 묵나물입니다.

다양한 산나물들이 있지만 그것 말고도 가장 흔한 묵나물로 시래기가 있습니다. 단순히 보관법으로 만들어졌다고 보기에는 감동적일 만큼 영양학적 효과가 큽니다.

처음 이유식으로 묵나물을 활용하여 죽을 끓여준다면 더없이 좋은 시작이 될 것입니다. 초기 이유식을 위한 다시물 만들기를 할 때도 묵나물을 우려내어 푹 삶아 만들면 좋습니다. 이렇게 시작해서 점차 생야채로 넘어가면 됩니다.

육류와 생선 그리고 난류

육류도 처음 먹일 때는 발효 방식으로 조리된 것을 쓰는 게 가장 좋지만 시중에 나온 게 거의 없고, 구매하거나 만들어 먹일 수 있는 것들도 대부분 젓갈류라 짠 것이 많습니다. 그래서 소금 간 대신 조금씩 쓸 수는 있지만 전적으로 먹이기엔 부족합니다.

그래서 추천하는 것이 명란젓으로 만든 찌개나 국입니다. 일명 알탕으로 불리는 것들은 발효 가공된 명란젓이 아니라 냉동 명란을 사용합니다만 저는 명란젓을 물에 담가두어 소금기를 우려낸 다음 알탕으로 만들 것을 추천합니다.

기타 육류는 발효 가공된 것이 거의 없기 때문에 양념을 절일 때 막걸리를 활용하면 효과적입니다. 육류를 손질할 때는 핏물 빼기를 먼저 하죠. 그때 물보다 막걸리를 활용하면 더 소화가 잘되는 좋은 재료가 됩니다. 쇠고기, 돼지고기 같은 육류뿐 아니라 생선도 마찬가지로 막걸리에 재웠다가 물로 씻어내고 조리하면 소화에 용이한 것이 됩니다.

육류에 있어 또 한 가지 안타까운 현실은 성장기에 가장 좋은 내장 단백질과 껍질을 대부분 버린다는 점입니다. 이런 것을 제대로 활용한다면 영양 공급도 잘되고, 소화기 발달도 건강하게 이루어지며, 장내 유익한 세균도 풍부해지는 일석삼조의 효과를 누릴 수 있습니다.

구입이 가장 쉬우면서 다양한 요리를 가능하게 하는 난류도 빼놓을 수 없는 단백질 식품 재료입니다. 난류는 일명 구운 달걀이 제가 가장 추천하는 조리법이며, 그다음은 수란과 삶은 달걀입니다. 구운 달걀은 보온통만 있으면 쉽게 만들 수 있고, 구운 달걀을 잘게 썰거나 갈아서 이유식에 쓸 수 있습니다.

지방

지방은 식물성 지방부터 섭취해야 합니다. 하지만 식물성이라도 어떻게 만들어진 지방이냐, 말하자면 지방의 착유에도 여러 가지 방법상의 차이가 있고 그것이 소화력에서 큰 차이를 보이기 때문에 잘 알고 먹여야 합니다.

식물성 지방은 식용유, 참기름 등 우리가 일상생활에서 자주 접하는 것입니다만 구체적으로 그 기름이 어떻게 만들어졌는지에 대해서는 자세히 모르는 것 같습니다. 제가 가장 추천하는 첫 지방분은 호두 기름입니다. 물론 제조사에 따라 어떻게 착유하는지 확인한 뒤 구입해야겠죠? 호두 기름을 착유할 때 밥에 쪄서 착유하는 전통적인 방식으로 생산되는 것을 고르기를 권합니다.

콩기름도 밥 위에 쪄서 만들면 좋은데 시중에 나오는 기름 중에는 그런 것이 없더군요. 그다음에는 생들깨를 갈아 여러 가지 국 요리나 찜 또는 무침 요리 재료로 활용하는 방식입니다.

맨 마지막 단계는 생기름을 그대로 활용하는 것인데요, 모두 식물성 기름들입니다. 이런 것들은 대부분 볶아서 기름을 짜기 때문에 소화 흡수율이 비슷합니다. 나물을 무칠 때 고소한 맛을 내는 방법이 기름을 넣어서 무치는 것이죠.

기타 양념류

 자극이 약한 것에서 점차 자극이 강한 것으로 옮겨가는 방식을 택하면 됩니다. 이때도 역시 단순히 자극감에만 초점을 두면 안 되고 발효된 양념에서 생것으로 넘어가야 합니다.
 장을 제외한 대표적인 양념류가 고춧가루입니다. 맨 처음에는 고추장을 넣어서 매운맛을 느끼게 하고, 그다음은 김치 같은 발효식에 들어 있는 매운맛으로 시작하여 조금씩 생고춧가루로 진행해가면 됩니다.

소화 상태를 알 수 있는
월령별 대변 판독 기준

첫 이유기에서 2단계까지

이유식 1단계에서는 하루 배변 1~3회, 대변 색깔은 음식물을 제외하면 옅은 황금색이어야 합니다. 냄새는 음식물 냄새를 제외하면 거의 없는 상태이고, 굳기는 약간 무른 변이 최상의 대변입니다.

이유식 2단계에서는 하루 배변 1~2회, 대변 색깔은 음식물을 제외하면 옅은 황금색이어야 합니다. 냄새는 음식물 냄새를 제외하면 약간 구수한 구린내가 나야 하고, 굳기는 1단계보다 굳어야 합니다.

첫 이유기는 대개 6개월에서 8개월 사이에 이루어지죠. 이때 응가는 지나치게 되어서도 안 되고 조금 묽은 정도이며, 변이 형태가 잡혀도 좋은 것이 아닙니다. 이 시기에는 변이 형태가 잡히면 변비에 해당됩니다.

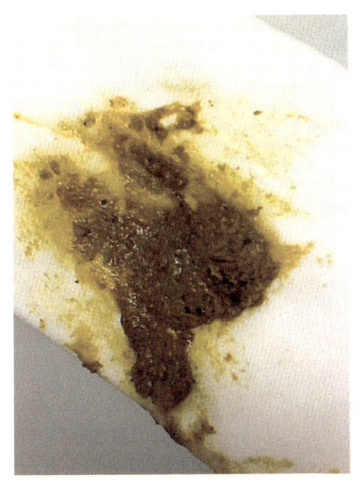

이 정도가 적당합니다. 기저귀에 퍼지고 묻지만 물기가 아주 많지는 않은 상태죠. 이런 상태일 때는 이유식을 적당히 잘 하고 있는 것으로 볼 수 있습니다. 젖의 양을 점차 줄여가는 것이 필요하고, 그에 적합한 소화력이 준비되었다는 의미입니다.

배변 횟수는 하루 4회를 넘지 않는다면 왔다 갔다 할 수 있으므로 횟수에 너무 신경 쓸 필요는 없습니다. 이때의 배변은 하루 총량이 중요합니다. 매일 배변량을 확인하여 너무 적거나 너무 많지 않다면 적절한 이유식을 하고 있다고 자가진단해도 좋겠습니다.

색깔은 먹은 음식물에 따라 달라지겠지만 아주 특별히 색이 짙은 음식을 먹인 게 아니라면 매일 비슷하게 노란색으로 나와야 합니다. 왜냐하면 이때는 이유식보다 젖의 비중이 훨씬 높기 때문입니다.

3단계 이유기에서 16개월까지

이유식 3단계에선 하루 배변 1~2회, 대변 색깔은 황금색이 아니라 좀 더 어두운 색이어야 하고, 냄새는 음식물 냄새를 제외하면 구린내가 진하게 나야 합니다. 하지만 역한 냄새는 나지 않는 것이 좋습니다. 흔히 말하는 달걀 썩은 냄새 같은 것은 나지 않아야 합니다.

송곳니가 나면서 모든 음식을 다 먹을 때입니다. 침은 더 이상 흘리지 않는 것이 정상적이지만 단유(斷乳)가 늦어지면 침을 흘리는 아이들도 있습니다. 이런 경우 잇몸의 발달이 늦어져 치아가 옹니가 되거나 지나치게 작은 치아가 생겨서 잇새가 벌어질 수 있습니다.

변 색깔이 조금 어두워졌죠? 왜냐하면 첫 단계보다 소화효소가 많이 나오기 때문입니다. 응가 색깔이 가장 다양한 시기가 아닐까 싶습니다. 기본적으로 소화효소가 섞인 색깔이 나와야 하고요, 그 외에는 먹은 음식물에 따라 아주 정직하게 색이 변합니다.

형태는 조금씩 잡혀가는 시기이고요, 굳기는 위 사진 정도가 되어야 합니다. 이 시기부터는 굳기가 위 사진보다 묽으면 소화력에 문제가 있거나 몸에 맞지 않은 음식을 먹어서 탈이 난 경우입니다.

현재 사진으로 올린 변은 조금 형태가 잡혔습니다만 이런 경우는 거의 드뭅니다. 왜냐하면 아직 기저귀에 변을 보기 때문에 변이 물러서 뭉개지니까요. 위 사진은 응가를 본 직후 바로 기저귀를 갈아서 아마 모양이 조금 기다랗게 보이는 것일 겁니다.

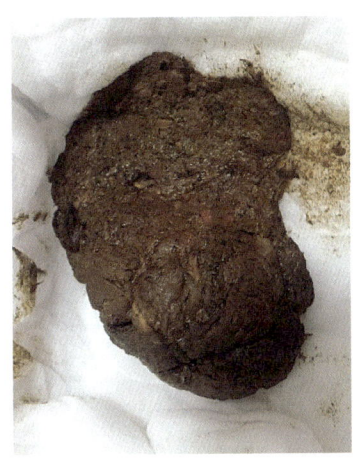

사진에서 보이는 것보다 조금 더 묽어도 정상입니다. 하지만 변의 색깔이 황금색이면 곤란하고 약간 어둡거나 푸른 느낌이어야 합니다. 횟수는 하루 1~3회 정도지만 이틀에 한 번도 변비에 해당됩니다. 배변량은 하루 총량으로 봤을 때 점차 늘어나는 시기입니다.

24개월 내외

이제 이유기라고는 하기 힘들 때죠. 분유는 거의 먹지 않고 대부분 식사로 배를 채울 때이니까요.

이때 가장 중요한 것은 주식과 간식의 비중입니다. 주식을 잘 먹게 한 다음에 부족한 부분을 간식으로 채워야지 주식을 안 먹는다고 간식으로 때우면 나쁜 버릇이 듭니다.

 반드시 주식을 챙겨 먹는 버릇을 들여야 하는데, 입맛이 없거나 밥을 잘 안 먹는 아이들은 이 부분부터 고쳐야 합니다. 입맛 도는 약을 먹여서라도 식사를 잘하는 것이 가장 중요합니다.

 사진에서처럼 변의 모양이 기다랗게 나와야 합니다. 배변 횟수도 하루 1회가 적절하고 어쩌다 하루 2회는 괜찮지만 매일 2회는 과식했거나 탈이 났다는 의미입니다. 색깔은 먹은 음식물에 따라 조금 다를 수 있지만 기본적으로는 약간 푸른 기가 있거나 어두워야 합니다.

 그리고 이때부터는 딱딱한 것이든 질긴 것이든 모양 그대로 나오는 것이 없어야 합니다. 물론 아이들이 잘 안 씹는 알갱이 종류는 어쩔 수 없지만 소화가 되지 않아 그냥 나오는 것이 없어야 한다는 뜻입니다.

변이 평상시와 다르다면?

배변의 색을 결정하는 것은 먹은 음식물의 종류와 소화효소의 배출량 그리고 대장의 상태입니다. 먹은 음식물에 파란색이 많다면 파란색이 많이 섞일 것이고, 숯가루를 먹었다면 검은색일 것입니다.

하지만 먹은 음식물과 무관한 색깔의 대변이 나온다면 질환 가능성을 의심해봐야 합니다. 음식물과 관계없이 푸른색이 나오면 담즙 분비가 과다한 것입니다. 이는 소화기가 아직 준비되지 않은 상태에서 지방질을 많이 먹었다는 의미로, 이때는 식재료에서 지방의 비중을 줄여야 합니다.

음식물과 관계없이 갑자기 대변 색깔이 어둡게 나오면서, 아이가 배 아프다고 하면 장내 염증이나 출혈 가능성이 있습니다. 대변에 점액이 덩어리째 섞여 나오면 대장 내 세균총에 문제가 생긴 것으로 장이 차가워졌다는 의미인데, 이때는 배를 따뜻하게 해주면서 찬 음식을 금하고 발효식 위주로 먹여야 합니다.

시중의 이유식 책에서는 흔히 회색 변을 보면, 점액질이 나오면 등등의 경우 아주 무서운 병명을 언급하며 아이를 데리고 당장 병원에 진찰하러 가도록 만들어두었더군요. 하지만 대변의 상태는 대부분 그저 가벼운 소화기 상태의 반영일 뿐이며 대변으로 질환을 걱정하기보다는 소화 상태를 점검하고 이유식의 식단을 조절하는 기준으로 삼을 일이므로, 당장 병원에 뛰어갈 필요는 없습니다. 아이들의 소화기가 발달 중이어서 아직 미숙하긴 해도 그처럼 쉽게 큰 병에 걸리지는 않습니다.

또한 대변에서 가장 중요하게 점검할 것이 색과 냄새인데, 이때 반드시 먹은 음식물을 생각하면서 관찰해야 합니다. 먹은 것은 온통 김 가루인데 변이 검다고 걱정한다면 안 되지요. 또 잘 알아보고 걱정하지 말라고 알려드리는데 지나친 관찰로 이상한 것만 찾아내어 불안해하면 안 됩니다. 정말 우려해야 할 것은 잦은 설사, 지나치게 잦은 배변 횟수, 가늘게 나오는 대변, 변비 같은 것들입니다.

집에서 조절할 수 있는 것은 조절하고 음식물 조절로도 변화가 없으면 너무 오래 방치하지 말고 의료 기관을 찾으세요. 먹는 것보다 싸는 것이 매우, 굉장히, 더욱 중요합니다.

건강보조식품 먹이기, 기준이 있어야 합니다

 이유기부터 많은 아이들이 영양제나 건강보조식품을 먹는다는 이야기를 들었습니다. 오늘 한의원에 어떤 분이 약통을 하나 들고 오셨더군요. 아니, 정확히 말하면 영양제 통입니다. 왜 들고 오셨나 했더니 거기 적힌 성분을 보여주려고 오셨습니다. 그러고는 제게 이런 성분이 든 식품인데 꾸준히 먹여온 것이 잘한 일인지 못한 일인지 물으시더군요. 혼합 홍삼 제품이었습니다.

 많은 분들이 제게 이런 질문들을 합니다. 이건 어떠냐, 저건 어떠냐 등등…….

 결론은 "모든 건강보조식품은 대부분 다 나쁘지 않다"입니다. 하지만 어떻게 사용하느냐가 중요합니다.

 오늘 오신 분에게 들은 이야기 중 가장 중요한 부분은 이유기부터 먹였다는 것입니다. 수유기에는 분유나 젖만 먹이다 보니 다른 것을 접할 경우가 드물죠. 그런데 이유기가 되면서 많은 건강보조식품을 접하기도 하나 봅니다. 그러면 어떤 문제가 생길까요?

이유기는 젖 이외의 새로운 식품에 대해 아이들이 흡수력을 배우는 과정입니다. 그런데 평생 먹어야 할 새로운 먹거리들을 접하는 과정에서 소화에 힘쓸 필요 없이 먹기만 하면 그대로 흡수되는 영양제가 아기 몸속으로 다양하게, 풍부하게 들어옵니다.

그러면 아기의 소화기는 무엇을 배울까요? 세상의 모든 영양소는 이처럼 쉽게 들어오는 거구나 하고 생각합니다. 가만히 있어도 저절로 영양소가 들어오는데 굳이 힘들게 무리하면서 소화하려고 애쓸 필요가 없지요. 그러면서 소화기는 나태해지고 건방진 자세를 취하게 됩니다.

어쩌다 영양제 속에 없는 새로운 성분이 들어오면 분별력을 기르지 못한 소화기는 그것을 특수 영양소인 양 흡수합니다. 그런데 알고 보니 그것이 나쁜 성분이었다면 어떻게 될까요? 서서히 독소가 쌓입니다.

국내에서 생산되는 영양제의 품질은 모두 좋습니다. 관리 감독이 잘되어 있고 자동화 기계가 좋아서, 또 요즘은 유기농이 유행하기 때문에 아이들 영양제는 철저하게 관리됩니다. 그러니 제품만으로 보면 모두 일등급이죠. 하지만 그걸 습관적으로 계속 먹였을 때 소화력이 저하됩니다.

이유기의 첫 번째 목표는 똑똑하고 부지런한 소화기 만들기입니다. 똑똑하고 부지런한 소화기가 되어야 하는데 게으르고 건방지고 무지한 소화기가 되면 어떻게 될까요?

이유기에는 갑자기 너무 많은 영양에 대한 욕심을 내면 안 됩니다. 이유기는 무엇을 먹이느냐보다 어떻게 흡수하느냐가 더 중요합니다.

또한 이 시기에 쉽게 흡수되는 영양소들을 많이 주면 야채성 영양소들의 흡수는 더욱 나빠집니다. 왜냐하면 영양소 중에서도 야채성 영양소는 겹겹이 섬유소에 싸인 상태이므로 오래 씹고 오래 삭여야 하는 것들이 많습니다.

이 모든 과정이 소화기에서 일어나는 소화 흡수 과정이죠. 그런데 게으르고 귀차니즘으로 습관화된 소화기라면 이런 영양소를 갖다 버리려 할 겁니다.

여러분 집에 아기를 위한 영양제나 건강보조식품이 있다면 어쩌다 한 번씩 먹이세요. 그러면 도움이 됩니다. 하지만 매일 열심히 먹이면 도리어 해가 됩니다. 또 건강보조식품은 한꺼번에 여러 가지를 먹이면 나쁘고요, 한 가지라도 3개월을 넘기면 습관화됩니다.

또 다른 문제는 이런 과도한 영양소로 인해 입맛이 떨어지는 겁니다. 입맛이란 원래 내 몸에 필요한 영양소 또는 열량 때문에 우리 몸이 신호를 보내는 수단입니다.

그런데 부족함이 없으니 입맛이 없어집니다. 엄마들은 아이가 밥을 안 먹는다며 걱정하고, 때로는 밥을 안 먹으니 이거라도 더 먹여야겠다 생각하고 열심히 먹입니다. 이러면 소화기는 이해할 수 없이 약해지고 결국 병들게 됩니다. 그러니 내 아이에게 뭐가 맞느냐 안 맞느냐 묻지 말고 이런 기준으로 먹여보세요.

입맛 없고 밥 안 먹는 아이들에게 보약을 먹이려는 분들도 많은데요, 보약 지어주기 전에 영양제 과잉으로 인한 식욕 저하는 아닌지 한번 생각해보세요.

자연육아로
면역력을 기르는 것이 답입니다

　아이들이 아프지 않으려면 면역력을 길러야 한다고 많은 사람들이 말합니다. 성장은 눈에 보이는 것이어서 쉽게 파악되지만 면역력은 눈에 보이는 것이 아니니 확인하기가 어렵죠? 그래서 기본적인 몇 가지만 알려드릴까 합니다.

　아기가 태어나서 처음 3개월 동안은 대부분 모유 수유를 통해 면역 물질이 전달된다고 하죠. 젖을 먹으니까 장으로 유입되었다가 체내로 재흡수되는 경로를 거쳐 전달됩니다. 면역 물질이 그대로 이식되는 셈이죠.

　하지만 여기서 한 가지 빠뜨리면 안 될 중요한 것이 있습니다. 가장 취약한 외부를 커버할 피부상재균의 증식입니다. 이것은 엄마가 아기를 쓰다듬고, 젖 먹일 때 가슴에 붙여 안는 자세 등 엄마와의 스킨십을 통해 이식이 이루어집니다.

　그런데 엄마가 스킨을 바르고 로션을 발라서 피부상재균을 억제하고 변질시키면? 그런 손으로 아이 피부를 만지면? 당연히 정상적이고 좋은 피부상재균이 이식될 수 없습니다. 따라서 월령이 어린 아기를 둔 엄마라면 자기 몸에 바르는 화장품도 금해야 한다는 점을 꼭 알아두세요.

3개월이 지나면 아기는 스스로 면역 물질을 재생산해야 합니다. 그리고 그것들을 전체적인 시스템으로 관리해야 합니다. 이것은 스스로 병을 앓으면서, 세균을 만나고 경험하고 결과를 만들면서 점차 형성해갑니다.

3개월 이후는 그야말로 자력갱생을 해야 하기 때문에 아기로서는 가장 힘든 시기가 됩니다. 엄마에게 받은 것은 수명이 다 되었고, 스스로는 아직 잘 만들지 못하고…….

이럴 때 아기들은 대부분 열을 내게 됩니다. 몸공부의 시작이 발열인 이유죠. 열을 내면 우리 몸속의 잡균들이 힘을 잃거나 죽기 때문에 열을 내는 것은 이 월령의 아기들에게 면역 물질이나 면역 세포를 배제한 자체 방어 시스템인 셈입니다.

이 월령의 아이들에게 꼭 필요한 열내기를 엄마들은 겁을 내며 약을 먹여 가라앉힙니다. 그렇게 함으로써 면역 시스템 형성의 첫 단추가 잘못 꿰어집니다. 3개월 이후 6개월까지는 아이들 열나는 거 방해하지 말고 머리만 차게 해주는 것이 면역 시스템을 위해 꼭 필요하고 중요하다는 사실을 기억하세요.

그다음은 체내에서 실제로 면역 물질의 생산이 이루어지고, 항체라는 기억 세포들이 자체적으로 만들어지는 시기입니다. 항체는 기억 세포라 불리는 것으로, 병원균이나 바이러스의 정보를 축적하는 과정입니다. 상대를 알고 싸우면 이긴다는 지피지기면 백전백승과 같은 의미입니다. 하지만 안다고 해서 다 이기지는 못하겠죠? 그러나 조금 유리하게 싸울 수는 있습니다.

여기서 항체 형성이 되었다 안 되었다로 문제를 삼습니다. 보균자들의 경우가 이에 해당되죠. 항체라는 것은 정보를 가진 면역 세포를 뜻하기 때문에 바이러스에 대한 정보가 축적되지 않는 경우, 항체가 없다고 표현하는데요. 여러분이 이 부분을 좀 더 잘 이해해보려고 노력할 필요가 있습니다.

동네에서 자주 만나는 깡패가 있다고 생각해보세요. 맨날 길을 막고 애를 먹이는데 상대방을 잘 알고 피하거나 효과적으로 이길 수 있는 것이 항체입니다. 하지만 항체가 전혀 없다 해도 내가 힘이 세고 체력이 튼튼하다면 별다른 정보 없이 바로 부딪쳐도 상대를 이길 수 있습니다. 그러니 항체가 형성되지 않는다는 말을 이길 수 없고 병에 걸릴 수 있다는 의미로 오해하면 안 됩니다. 항체 형성이 안 된 사람은 체력을 기르면 됩니다.

6개월 이후 이유식을 하면서 아기들은 소화기가 발달하고 근육이 발달합니다. 이때부터는 더욱 적극적인 정보 모으기와 면역 시스템 확장이 시작됩니다. 이렇게 지식과 전략 그리고 힘과 무기를 하나하나 만들어가는 과정이 면역 형성 과정입니다. 이런 작업은 5세까지 가장 활발히 이루어집니다. 그래서 제가 소아 면역 완성기가 5세경이라고 말씀드리는 것입니다.

대부분 정상적인 과정을 거칠 경우 5세경에 마지막 무렵에서의 실전 테스트 같은 시험을 홍역이나 수두, 볼거리로 치르게 됩니다. 그런데 요즘은 변형이 많아져서 수두나 홍역을 앓는 월령이 갈수록 낮아지고 있는 것 같습니다.

어쩌면 이런 것은 단순히 병원균의 진화나 발달의 문제가 아니라, 인간의 진화와 적응인지도 모릅니다. 세상이 워낙 험하니까 더 빨리 강한 면역을 형성하려는 적응 말이죠. 이건 정확한 근거는 없지만 막연히 제가 생각해본 한 가지 가설일 뿐입니다.

이 과정에서 아이들의 면역계 형성에 가장 큰 영향을 미치는 것은 두 가지입니다. 하나는 엄마의 마음과 심리이고, 또 하나는 자신의 체력입니다.

제가 늘 표현하는 심리적 탯줄이라는 것이 이 시기에 해당됩니다. 엄마가 심리적으로 불안감을 전달하면 아기는 스트레스를 받기 때문에 면역계가 획득한 정보들을 정리하고 배열하고 시스템을 만드는 과정에 반드시 필요한 긍정 호르몬과의 연결에 문제가 생깁니다.

아이가 아플 때 엄마가 힘을 주고 긍정적인 모습을 보여주면 아기도 이게 나쁜 일이 아니구나 이해하고 힘을 내어 과정을 수행합니다. 하지만 엄마 아빠가 스트레스를 받으면 아이는 이 과정 자체를 나쁜 것으로 인식하여 부정적인 정보가 쌓이기 때문에 실제로 병을 앓을 때 부정적인 역할을 하는 호르몬들이 더 많이 나옵니다.

이 과정은 공부와 비슷합니다. 공부하는 것 자체를 기쁘고 반갑게 바라보지 않고 오로지 성적만으로 호불호를 드러내면 아이는 커닝해서라도 성적을 올리려 할 것입니다. 하지만 공부하는 것 자체를 기특하게 바라보고 격려한다면 근본적으로 정직하게 공부하고 열심히 노력하는 모습을 보이려 할 것입니다.

엄마 아빠가 긍정적인 자세로 아이의 앓이를 지켜봐주지 않으면 면역 시스템 형성이 제대로 되지 않을 수 있고, 여차하면 힘을 써서라도 제압하려 하기 때문에 과잉 반응이 일어납니다. 이런 일이 반복되면 없던 알레르기가 생기거나 있던 알레르기는 더 악화됩니다.

두 번째는 체력입니다. 무엇을 하든 체력은 그야말로 바탕이죠.

아이들의 체력은 먹는 것으로 결정됩니다. 잘 먹으면 힘이 쌓이고, 균형 있게 먹으면 저절로 조절이 잘되고…… 처음 만나는 병원균도 쉽게 제압하고, 잡균은 덤비지 않게 됩니다.

지금 알레르기가 있든 아토피가 있든 감기를 앓고 설사를 한다고 해도 체력이 있을 때는 시간만 지나면 해결되지만 체력이 약하고 먹는 것이 부실하면 이기기 힘듭니다. 이것이 아토피를 앓는 아이를 둔 집에서 가장 못하고 있는 부분이기도 합니다.

맨날 아이 피부의 상처만 보는 습관이 들어 아이가 제대로 성장하고 있는지, 체력이 좋은지 나쁜지를 보지 못하는 경우도 많습니다. 또 아토피 때문에 온갖 음식을 기피 식품으로 분류하는 바람에 정작 아이는 영양실조인 경우도 많습니다.

체력이 안 되는 아이가 아토피를 치료하고 스스로 면역계를 안정시켜 성장을 마무리하기를 기대하기는 힘듭니다. 그러므로 식욕이나 식사량이 문제가 되는 아이들은 면역을 논하기 전에 체력을 먼저 관리할 수 있도록 해야 합니다.

언론이 전달하는 면역은 마치 체력과는 별개의 기능인 것처럼, 건강보조식품 한두 개로 해결할 수 있는 것처럼 들립니다. 이런 오류를 여러분이 그대로 받아들이고 있을까 봐 이 글을 쓰는 것입니다.

5세 이후 사춘기까지는 내분비계의 시스템을 완성하고 정비하고 운행 훈련을 하는 시기입니다. 이 시기에는 내분비계의 조절을 익히는 것이 목표이기 때문에 면역 시스템에는 별다른 변화가 일어나지 않지만 이전 단계에서 면역 시스템이 확립되지 못하고 이 시기로 넘어온 경우 내분비계의 조절과 발달에도 문제가 생깁니다.

사춘기에 초경을 한 여자아이들의 경우, 초경 이후 6개월이 되도록 생리가 주기를 갖지 못하거나 생리통이 심하거나 기타 생리증후군을 보이면 그대로 두지 말고 반드시 치료할 것을 권하는 이유가 이런 내분비 조절 작업에 문제가 생기지 않도록 하려는 것입니다.

내분비계의 성장은 성인이 되었을 때 지병을 앓게 되느냐 건강하게 생활하느냐의 바탕이 됩니다. 우리가 알고 있는 죽음에 이르는 병 대부분이 내분비계 질환입니다. 일명 대사성 질환이라 불리는 것들로 암을 비롯해 고혈압, 당뇨, 갑상선 등의 성인병이 모두 여기에서 비롯되는 것입니다.

결론적으로 말하면 5세까지의 소아 단계는 세균과의 관계를 마무리하는 과정이고, 그 이후 사춘기까지의 시기는 내분비계를 확립하는 단계입니다. 단순 면역은 세균과의 관계만을 뜻하지만, 병을 일으키는 모든 것을 대상으로 본다면 사춘기 과정까지 면역 형성기라고 부를 수 있습니다.

현재 내 아이가 5세를 넘겼고 알레르기가 있고 여전히 병에 자주 걸린다면 병명이 무엇이든 간에 해독을 받고 약을 써서라도 치료하기를 권합니다.

현재 내 아이가 병을 앓고 있으며, 그 병이 만성적이고 장기적인 경우라면 병증을 보기 이전에 체력에 문제가 되는 조건이 있는지 없는지부터 살펴보고 체력을 기르는 일부터 열심히 하기를 권합니다. 식욕이 떨어지고 먹는 양이 지나치게 부족하다면 해독을 받고 약을 먹어서라도 해결해야 합니다.

이 두 가지 조건에 해당 사항이 없다면 어떤 병이든 정상적인 몸공부다 생각하고 긍정적인 에너지를 보내고 먹거리를 살펴서 도와주기만 하면 됩니다.

도와줄 수 없어도 괜찮습니다. 방해만 하지 않아도 되니까 혼자 공부하는 모습을 지켜보세요. 잘 모르고 열심히 해주는 엄마보다 잘 몰라서 아무것도 못해주는 엄마가 오히려 더 잘하는 것입니다.

치료보다는
예방에 관심을 가져야겠죠?

가끔 한의원에 와서 중풍 예방 침이나 약을 찾는 분들이 있습니다. 그러면 제가 그러죠.

"왜 중풍만 예방하려고 하세요? 암은 겁이 안 나시나 보죠? 당뇨는 어때요? 심장 질환은요? 예방 침이나 약은 없지만 법은 있는데 알려드릴까요?"

약은 없고 법은 있다는 게 저의 주상이고, 그것이 한의학의 근원입니다. 건강한 생명을 위한 모든 원칙들이 그 법입니다. 적당히 먹고 적당히 운동하고 마음 편히 가지고 등등…… 우리가 상식적으로 알고 있는 것들이 바로 그 예방법입니다.

자연면역을 기르는 방법은 많지만 전체적인 균형이 중요합니다. 또한 전방위적인 오염 시대이다 보니 좋은 것 찾아 먹이기보다는 나쁜 것 가려서 안 먹이는 게 더 중요합니다.

제일 먼저 전 세계가 편식하고 있는 과당식을 금해야 합니다. 밥만으로도, 젖만으로도 충분한 당분의 섭취를 이제는 제한해야 합니다. 당분 섭취는 단지 당분 자체만의 과잉이나 영양 불균형으로 끝나지 않고 면역 기능의 제1번을 담당하는 백혈구의 기능을 심각하게 떨어뜨립니다.

그다음은 냉식입니다. 뭐든 냉장고에서 꺼내 먹이다 보니 찬 음식 편식을 하고 있는 것입니다. 몸속에 찬 성분이 너무 쌓이면 체온을 유지하기 위해 심장은 무리하게 됩니다. 그러므로 냉온식에서 균형을 유지하는 것이 오장의 균형을 조절하는 것입니다. 따라서 가능한 한 더운 음식을 많이 먹이도록 해야 합니다.

피부는 미용상의 문제로 많이 비치지만 면역 기능의 첫 번째 구조를 형성하는 것이 피부입니다. 따라서 피부 건강은 외부 바이러스나 세균을 방어하는 데 가장 먼저 필요한 조건입니다. 그러므로 피부에 해로운 화장품을 가급적 피하고, 독한 세제로 빨래하는 것을 금해야 하며, 지나치게 씻는 것도 피해야 합니다. 여름처럼 땀이 많이 날 때는 물로만 자주 씻고 비누를 사용하는 샤워나 목욕은 주당 1~2회에 그쳐야 합니다. 샴푸 사용을 금하고 보습제 사용도 상용화해서는 안 됩니다. 이런 방식은 화장품 중독과 함께 허약한 피부를 만듭니다.

반대로 건강한 피부를 만들기 위해서는 풍욕을 자주 하면 좋은데, 그게 어렵다면 그냥 밤에 잘 때 옷을 벗기고 얇은 이불 하나 덮어주면 됩니다. 그리고 실내 환기가 되도록 창문과 방문을 조금 열어두고 자면 됩니다. 그러면 실내풍에 의해 저절로 단련이 되거든요.

하우스 과일을 피해야 합니다. 지나친 농약과 비료 사용으로 하우스 과일의 독성은 우리가 생각하는 것 이상입니다. 철도 없이 나오는 제철 아닌 과일들, 당도가 높다는 이유로 더 좋은 상품인 것처럼 선전하는 하우스 과일, 이런 것을 피하고 조금 비싸더라도 조금 덜 먹는다는 생각으로 유기농 과일을 고르세요. 또 평소 식단에서 발효 음식과 섬유질이 많은 거친 음식을 빼놓지 마세요.

이 두 가지를 잘 지키면 대장이 건강해지고 해독 능력이 좋아집니다. 엄청난 오염원으로 뒤덮인 이 환경적 조건, 생활적 조건에서 인체의 해독 능력은 건강을 위한 무엇보다 중요한 기능입니다.

바깥 놀이를 많이 시키세요. 자연스럽게 다양한 바이러스와 세균들을 접촉하게 됩니다. 공부는 한 번에 몰아서 하는 것보다 매일매일 조금씩 하는 게 좋듯이 백신도 한 번에 맞는 것보다는 조금씩 매일 접촉하는 것이 좋은 면역 공부입니다.

지나친 정신적 피로를 유발하지 않는 환경을 만들어주어야 합니다. 정신적 스트레스는 인체의 모든 조절 기능을 떨어뜨립니다. 과다한 경쟁 시대를 살도록 등 떠밀면 자율신경 기능이 저하되기 때문에 각종 대사성 질환에 걸릴 확률이 매우 높아집니다. 적당히 행복한 아이들이 될 수 있도록 해주세요.

약물의 오남용은 피해주세요. 질병은 가혹하기는 해도 아주 훌륭한 선생님 역할을 하는 것입니다. 따라서 뭐든 피하려 하기보다는 적당히 겪으면서 이길 수 있게 해야겠죠?

맘 같아서는 살아가는 동안 겪어야 할 모든 아픔을 다 피하게 해주고 싶지만, 실연의 아픔도 없이 처음부터 꼭 맞는 짝 만나 잘 살게 해주고 싶지만 그게 맘대로 되지는 않잖아요. 실연을 해도 다시 극복하고 더 좋은 짝 만날 수 있는 사람이 되어야 하고, 실직을 해도 심기일전해서 다시 더 큰 사업가가 될 수 있는 사람이 되어야 하듯이 우리 아이들이 병을 앓는 것도 마찬가지로 보아야 합니다.

  병 자체를 앓지 않기보다 병을 앓으면서 이기는 방법을 가르치려면 너무 빨리 병원에 가고 약을 먹이는 것보다는 조금 지켜보면서 자연의학적인 홈케어를 활용하는 것이 더 좋습니다. 이런 전면적인 방법으로 육아를 한다면 질환이 두려워 예방주사를 맞을 필요도 없고, 또 예방주사를 맞는다 해도 부작용이 일어나지 않을 겁니다. 이미 그 정도는 견딜 만큼 튼튼할 테니까요.

  결과적으로 어떻게든 아이를 더 튼튼하고 정상적으로 키울 것인가를 고민해야겠죠? 추가하자면 한도 끝도 없이 많겠지만 대략 이런 기준으로 육아를 한다면 좋은 것 안 먹여서 손해 본 아이는 없을 것입니다.

미생물과 일촌 맺기,
꼭 필요합니다

　인간이 이룬 여러 가지 혁명 중 가장 큰 혁명은 화식(火食)입니다. 원시적으로 생식만 해야 했다면 인간 역시 동물의 한 종류로 남았을 겁니다. 왜냐하면 움직임에 필요한 최소의 에너지를 얻기 위해서라도 인간은 종일 사냥하고 그걸 먹는 데 모든 시간을 투자했을 테니까요. 통곡식을 씹어 먹는다고 생각해보세요. 우리는 코끼리나 소처럼 하루 종일 씹고 있어야 합니다. 그렇게 되면 시간 여유라는 것이 있을 수 없죠.

　화식을 하면서 필요한 에너지 흡수에 아주 많은 시간이 줄어들게 되고 여유라는 것이 생겼습니다. 그러면서 시작된 놀이와 문화가 지금의 인간 존재를 만든 것이죠. 먹는 것의 변화는 이처럼 인간 역사를 시작하게 한 혁명이었습니다.

　그러한 먹는 일의 혁명 중에서 가장 빛나는 혁명적·과학적 성과가 발효식입니다. 발효식을 통해 인간은 타고난 것보다 더 많은 미생물 친구들과 교류하게 되었습니다. 미생물을 적대시하지 않고 친구로 사귄다면 그보다 더 면역적으로 큰 힘이 되는 것은 없습니다.

유사 이래 인간의 병은 두 가지였습니다. 내병(內病)과 외병(外病). 내병은 대사를 제대로 하지 못해서 생기는 병으로 조절 불균형 및 신경성 질환까지…… 우리가 아는 대부분의 대사성 질환이 여기에 속합니다. 외병은 외부에서 침입하는 바이러스가 문제 되는 것으로 감기부터 크고 작은 염증성 질환들입니다.

발효식은 외병의 완벽한 예방책이며, 내병에도 많은 부분 치료약이 됩니다. 왜냐하면 우리 몸은 미생물과의 공생 시스템이기 때문입니다. 미생물을 적대시하면 그만큼 환자가 되기 쉬운 환경에 처합니다.

소독 개념이 생기고 위생을 논하면서부터 무언가 잘못되기 시작했습니다. 원래 소독과 위생은 병원균, 즉 아직 친구가 되지 못한 미생물에 대한 방어여야 합니다.

그런데 언제부턴가 모든 미생물을 병원균으로 인식하기 시작했습니다. 아마 역병이 돌고 많은 사람이 죽으면서 그렇게 된 것이라 생각합니다. 역사적으로 힘들고 슬픈 사건들이었겠지만, 이후 인식의 변화는 부정적인 방향으로 흘러갔습니다.

친구가 되지 못해서 그런 것이니 친구가 되어야 하고, 더 많은 미생물들을 병원균에서 친구로 만들어야 해결될 수 있는 문제였는데 마치 영원한 적인 것처럼 무기 개발에 착수하게 된 것입니다. 화공약품들이 개발되고 약과 백신이 무수히 쏟아져 나오면서 인간은 미생물계로부터 고립되기 시작합니다. 그동안 인간에게 무심했던 미생물들조차 인간을 적대시하게 된 것이죠.

그들의 세대 교번(交番)은 인간과 비교할 수 없을 정도로 빠르고 수적 팽창도 엄청납니다. 유전자의 적응과 변화가 인간과 비교하면 빛처럼 빨리 이루어집니다. 그들은 내성이라는 유전자 변화를 이루는 데도 오랜 시간이 걸리지 않습니다. 각종 화공 약품과 약물 백신에 대항해서, 인간의 소독에 대항해서 점점 괴물스럽게 강해집니다.

건강하게 천수를 누리고 싶다면 우리가 해야 할 일은 미생물들과 친구를 맺는 것입니다. 미생물들과 친구 맺기, 일촌 만들기는 발효 식품을 먹는 일부터 시작됩니다. 특히 이미 나의 우군인 미생물들을 강화함으로써 그들의 친구가 또다시 내 친구가 되는 인맥 쌓기와 같습니다.

가까운 미생물계는 신토불이 개념의 시작이고, 제철 식품 먹기의 원리입니다. 시간적·공간적으로 가장 친근한 미생물을 접하려면 신토불이의 제철 식품을 먹어야 합니다. 그것들로 만들어진 발효 식품은 완벽한 약선 음식입니다.

요리에서의 발효는 시간과 공간을 붙잡아두는 마법이기도 합니다. 양기가 부족한 겨울에 양기 가득한 여름 먹거리를 발효 식품으로 만들어 먹는다면 그건 보양식이죠. 더위와 땀으로 체력이 떨어질 때 더위를 진정시키고 힘을 길러주는 겨울철 먹거리를 발효식으로 만든다면 약이죠. 겨울 김장김치, 동치미 국물을 잘 저장했다가 여름에 국수 다시물로 활용하는 것 등이 좋은 예입니다.

여러분이 요리와 발효에 관심을 보이는 것은 이렇게 중요한 건강의 근원적 원리를 받아들이는 것입니다. 특히 사라져가는 슬로푸드 만들기와 먹기는 너무나 중요합니다. 여러분이 집집마다 이렇게 한다면 한의원도 문을 닫아야 할 겁니다.

의료 기관이라곤 한의원밖에 없고, 먹거리라곤 전통식밖에 없고, 화공 약품도 안 쓰던 시절. 과거에 왜 그렇게 사람이 많이 죽었는지는 먹거리의 절대적 부족 때문이었습니다. 지금은 반대로 먹거리의 절대적 과잉 상태를 누리며 삽니다. 그러니 다이어트가 핫이슈가 되고 온갖 연구의 목표가 되기도 하는 것이죠.

부디 많은 분들이 다시 장독을 사랑하고, 집집마다 다른 된장을 담고, 자연의 힘으로 요리하는 슬로푸드를 사랑하기를 바랍니다. 아이들이 간식으로 슬로푸드를 먹고 입맛이 고급화되어 싸구려 정크 푸드는 싫어하게 되기를 바랍니다. 여러분 주변에 미생물 친구들이 너무 다양하고 많아서 병원균이라는 존재가 없어지기를 바랍니다.

그래서 제가 더 이상 일반 한의원을 할 수가 없어 정신과 의사로 변신하거나 발효 요리 연구가로 살게 되기를 고대합니다.

건강한 자연육아를 위한 대원칙

로버트 S. 멘델존 박사의 스테디셀러 《나는 현대 의학을 믿지 않는다》를 보면 육아에 대한 몇 가지 원칙이 있는데, 저의 생각과 공통점들이 많은 것을 보고 내심 반갑고 기뻤습니다. 공감, 교감은 참기쁨을 느끼게 하죠.

아래 소개하는 몇 가지 기본 원칙은 건강한 자연육아를 위한 제 나름의 기준으로 소개하는 것이지만 많은 자연주의 의료인들이 공통으로 주장하는 것들이기도 합니다.

자연분만을 한다

제왕절개 또는 유도 분만이 아니면 모두 자연분만을 한 것으로 알고 있습니다. 하지만 그렇게 알고 있는 대부분이 자연분만을 하지 않았다는 사실을 아십니까?

병원에서는 진통만 하면 누구에게나 진통촉진제를 놓기 때문에 진정한 자연분만은 거의 이루어지지 않습니다. 그리고 진통촉진제는 불수산 같은 분만을 도와주는 약이 아니라 분만을 강제로 종용하는 약입니다. 진통이 5분 간격으로 점차 강해지기 전에는 병원에 가면 안 됩니다. 자연분만을 못하게 되니까요. 아셨죠?

자연분만을 해야 양수의 면역 물질들이 태지(胎脂)에 흡수되어 아이에게 면역 갑옷을 입혀주고, 엄마로부터 아이에게로의 건강한 미생물 분양이 정상적으로 이루어집니다.

분만 후 조치를 잘한다

아기가 태어나면 거꾸로 들고 엉덩이를 때릴 게 아니라 엄마의 왼쪽 유두에 입을 닿게 하고 엄마 배 위에 눕혀둔 상태에서 탯줄을 자릅니다. 탯줄 끝을 소독솜으로 싸매고 얇은 포대기로 아기와 엄마의 배를 덮어주고 분만 베드 주변을 정리합니다.

아기가 태어나자마자 엄마의 유두 근처에 입을 대고 있으면 분만 직후 유출되는 호르몬 물질이 출생 스트레스를 줄여주고, 젖 빨기를 자극하는 냄새를 맡을 수 있기 때문에 아기가 빨리 안정되고 젖을 잘 빨게 됩니다. 한 시간 간격으로 아기에게 젖을 물립니다. 젖이 나오지 않거나 아기가 젖을 빨지 않아도 유즙 분비를 촉진하는 결과를 만듭니다. 태변을 보면 그 이후에 목욕을 시킵니다.

모유 수유를 지속한다

초유는 물론 모유 수유를 최소 6개월에서 최대 12개월까지 지속합니다. 모유를 먹이면서 빠뜨리면 안 되는 게 바로 물 먹이기입니다. 젖이나 분유가 액상이라고 해서 수분이 충분히 공급되는 것으로 알고 있지만 수분 공급이 부족할 수도 있고, 또 물 마시는 습관을 길러주는 중요한 일입니다. 숟가락으로 조금씩 떠먹입니다.

엄마가 먹거리를 제한하지 않고 마구 먹게 되면 젖의 질이 떨어져 아기가 잘 자라지 못하거나 아토피 같은 질환에 걸릴 수 있습니다. 따라서 수유 중에는 반드시 나쁜 음식들(화학첨가제가 많이 든 음식, 인스턴트식품, 패스트푸드 등등)은 섭취를 금하기 바랍니다. 또 지나치게 자극적인 양념류가 있는 음식도 금하는 것이 좋습니다. 수유부는 아기의 입을 대신해서 먹어주는 것이라고 생각하면 됩니다.

옷을 벗겨서 재운다

출생 후 1개월간은 가급적 이불을 덮고 포대기로 싸서 재우는 것이 좋지만 1개월이 지나면 조금씩 이불을 젖히고 포대기를 얇게 해서 피부가 직접 호흡하도록 도와줍니다.

피부는 면역계의 최일선 조직입니다. 그 때문에 피부가 건강하다는 것은 면역계가 건강하다는 일차적 표시가 됩니다. 피부를 강하게 단련하려면 일단 실내풍에 노출되는 빈도를 높여야 합니다. 특히 피부호흡이 낮의 두 배가 되는 밤에는 더욱 효과적입니다. 또 아이들은 체온조절이 원활하지 못해 수면 중에 땀을 많이 흘리기도 합니다. 그런데 계속 옷을 두껍게 입혀두면 옷이 젖었다가 마르는 데 걸리는 시간이 길어 피부가 지나치게 차가워지거나 감기에 걸리기 쉽습니다.

그러나 피부가 노출되어 있으면 땀도 덜 나고, 또 땀이 난다 해도 빨리 마르고 피부호흡이 좋아지며 피부 단련도 됩니다.

겨울에 어린이집을 다니면 감기에 잘 걸린다는 말이 있습니다. 이 말은 알고 보면 어린이집이 문제가 아니라 옷을 입혀 재우기 때문임을 알 수 있습니다. 특히 날씨가 쌀쌀한 시기에는 어린이집에서 낮잠을 잘 때 난방을 올리고 옷을 두껍게 껴입고 잔다더군요. 그러면 자는 도중에 땀을 흘리게 되고, 그 땀이 옷에 스몄다가 마르면서 체온을 떨어뜨려 집으로 오는 길에 감기에 걸리는 일이 반복됩니다.

대부분의 집에서 아이들은 자기 전에 엄마가 샤워나 목욕을 시킨 다음 깨끗한 속옷으로 갈아입히죠. 그러고는 그대로 재우고 아침이면 겉옷만 갈아입혀 나서는 경우가 대부분입니다. 밤에 속옷을 입고 잔 아이들은 겉옷만 새로 챙겨 입기 때문에 어린이집에 가려고 나설 때는 밤새 조금씩 흘린 땀이 속옷에 배어 천천히 마르기 시작합니다. 차가운 바깥 기온과 속옷의 습기가 만나면 감기에 걸리기 쉽습니다. 이런 이유로 어린이집에 다니면서부터 아이가 유독 감기를 자주 걸리게 되었다는 이야기가 많이 나오는 것입니다.

겨울에도 옷을 벗기고 이불을 덮어 재우세요. 속옷을 입혀 재울 경우라면 아침에 반드시 속옷을 새로 갈아입혀서 내보내야 합니다. 그러면 어린이집에 다녀도 감기에 자주 걸리지 않습니다.

피부에는 가급적 아무것도 바르지 않는다

아기용품점에 가보면 출산 준비물 종합 세트에 아기용 로션과 파우더 그리고 오일까지 다 들어 있습니다. 마치 필수품이라는 듯 말입니다. 요즘은 혹시 선크림까지 들어 있지는 않나요? 안 가본 지 꽤 오래되어서 말이죠…….

순하고 촉촉한 아기 피부라는 말로 로션을 듬뿍 발라서 보들보들하고 촉촉하게 유지해야만 잘 관리하는 것으로 착각하는 분들이 많습니다.

한번 따져볼까요? 도대체 로션이 왜 아기에게 꼭 발라야 하는 물건인지 말입니다.

시중에 나와 있는 로션은 유통기한이 1년을 넘는 화공 약품입니다. 천연원료가 소량 들어 있다 해도 방부제 역시 들어 있습니다. 방부제가 들어 있지 않은 제품도 위험하기는 마찬가지입니다. 원료 자체가 썩지 않는 실리콘오일일 가능성이 크니까요. 그런 독한 화공 약품을 순한 아기 피부에 꼭 발라야 할까요?

계절별로도 따져봅시다. 봄에는 꽃가루와 황사가 잦습니다. 로션을 잘 바르고 바깥출입을 하면 황사와 꽃가루를 더 많이 묻히게 되지 않을까요? 여름에는 로션이나 파우더 때문에 땀구멍이 막혀서 땀띠가 나기 쉽습니다. 기온이 떨어지는 가을이나 겨울에 로션을 촉촉이 바르면 피부 온도가 더 낮아집니다.

남들 따라 하는 게 목적이 아니라면 로션은 유소아들에겐 필요 없는 물건입니다. 그것이 100% 천연 제품이라 하더라도 피부가 필요로 하는 때가 없는데 도대체 언제 바른단 말입니까?

선블록 크림 역시 마찬가지입니다. 영유아는 아직 바깥 놀이를 할 월령이 아니죠. 엄마 등에 업혀 외출할 수는 있어도 장시간 밖에서 놀 나이는 아닙니다. 그 잠깐의 외출 때문에 독한 선크림을 바른다는 것은 말이 안 됩니다.

바깥 놀이를 시작하는 유소아기가 되었을 때 역시 피부도 훈련을 시작해야 하는 나이가 됩니다. 그런데 햇빛을 모두 차단하면 피부는 언제 훈련을 합니까.

피부는 햇빛에 노출되었다가 안정되기를 반복하면서 색소와 피지를 조절할 줄 알게 됩니다. 그러나 계속 차단만 시키면 색소와 피지 조절 능력이 훈련되지 못해 사춘기 이후 여드름 피부가 되기 쉽고, 20대가 되면 사소한 손상으로도 색소침착이 되어 기미가 끼기 쉽습니다.

평생을 피부 미인으로 지내려면 유소아기부터 피부를 훈련시켜야 합니다. 그러니 선블록 크림은 제발 바르지 마세요.

바깥 놀이를 자주 시킨다

햇빛과 약간의 먼지 그리고 사소한 미생물들에 노출되도록 하는 것입니다. 햇빛을 많이 쬐지 않으면 정신적으로 우울해지고 내성적이 되며 시력 또한 발달하지 못합니다. 신체 발달에도 물론 바깥 놀이는 중요합니다. 밖에서 놀고 들어왔을 때 손발을 잘 씻는 습관만 길러준다면 바깥 놀이는 얼마든지 아이들의 건강한 성장에 도움을 줄 수 있는 방법입니다.

햇빛은 뼈를 강화시켜주고 체내의 비타민 합성에 필수적인 요소가 됩니다. 성장기 아이들에게 입으로 들어가는 것만 좋은 것 먹이려 하지 말고 안 먹고도 좋아지는 것도 생각해봅시다.

각종 백신 접종과 검사는 안전성 여부를 충분히 확인하고 결정한다

현재 우리나라의 예방접종이 이루어지는 실태를 보면 너무나 무사안일입니다. 부모도 병원도 모두 신중하지 않습니다. 부모는 백신 설명서 하나 읽어보지 않고, 예방하고자 하는 병이 무엇인지도 확인하지 않고 무작정 날짜 맞춰 접종을 합니다. 그러다 부작용이 나타나면 그제야 아뿔싸 합니다만, 병원에서는 그마저도 잘 인정하지 않습니다. 그리고 무엇보다 중요한 점은 그 부작용이 치명적일 경우입니다.

백신 접종을 위해서는 먼저 주의 사항을 반드시 확인하기 바랍니다. 그리고 예방하고자 하는 병에 대해서도 감염 가능성이 얼마나 되는지, 감염되었을 경우 후유증은 치명적인지 등등을 모두 확인하고 결정하는 게 좋습니다.

백신의 유해성은 여러 번 강조했으니 그렇다 치고, 검사를 받지 말라는 말은 조금 이상하게 들릴 수도 있습니다. 그러나 검사 역시 유해성이 큰 것도 많고 과잉 검사가 이루어지고 있다는 점도 무시하기 힘듭니다. 검사를 위해 사전 처리에 사용되는 각종 약물들도 독한 것이 많고, 검사 과정에서 정상 조직이 손상되는 경우도 많기 때문입니다.

사소한 잡병들에 대한 가정요법을 익힌다

　가정요법을 익히지 않으면 약물 오남용으로 갈 수밖에 없습니다. 따라서 가정요법은 반드시 익혀야 합니다. 다시 한 번 강조하지만 1차 의료 기관은 병원이나 한의원이 아니라 가정입니다.

　가정요법이라고 하면 특별히 전문적 기술을 배워야 할 것 같지만 꼭 그렇진 않습니다. 가장 기초적인 건강 관리에 해당되는 것들을 잘 살피는 자세부터 필요합니다.

　먹고, 자고, 싸고. 이 세 가지에 문제가 없는지 살펴보는 것이 가정요법의 시작입니다. 그리고 엄마 아빠의 안정된 심리와 스킨십이 가장 중요한 면역력 결정 요소입니다.

의사 노릇 30년,
엄마 노릇 27년의 결론

저 자신이 약을 처방하고 만드는 사람입니다. 그런데 왜 약 안 쓰고 아이 키우기를 주장할까요? 그것은 늘 약을 만지고, 치료에 활용하면서 깨달은 것이 바로 약의 적정한 효용과 한계 그리고 오남용으로 인한 부작용 때문입니다.

병이라는 것을 오른쪽으로 진행하는 차라고 한번 생각해보죠. 이 차가 나아서 건강해지려면 왼쪽으로 방향을 바꾸어야 합니다. 그런데 아무 변화 없이 가만히 두면 계속 오른쪽으로 가겠죠? 치료라는 행위는 오른쪽으로 가는 차를 왼쪽으로 돌려서 오던 길을 다시 달려 중심으로 가게 하는 것입니다. 차는 점차 가속도가 붙어 더 빨리 오른쪽으로 진행합니다.

여기서 약의 역할은, 의료 기술의 역할은 방향을 바꾸는 데 있습니다. 얼마나 안전하게, 얼마나 빨리 방향을 바꾸느냐가 치료의 힘이고 능력입니다. 오른쪽으로만 가던 차에 방향 전환의 계기를 만들어주는 것이 치료이고, 그 치료에 쓰이는 도구가 약입니다.

약은 효과가 확실하고 강해서 강력하게 브레이크를 밟고 핸들을 틀 수도 있습니다. 하지만 딱 거기까지만 해야 합니다. 경우에 따라서는 지나치게 오랜 병석 생활로 기초대사도 스스로 하기 힘들 만큼 체력이 부족하다면 조금은 더 길게 이끌어줄 수 있습니다.

하지만 약이 끝까지 다해주겠다고, 완치까지 이르게 해주겠다고 하면 환자의 몸은 배우는 것도 없고 그때부터 약물의존증이라는 새로운 병을 얻게 됩니다. 이것이 약에 대해, 의료 기술에 대해 제가 내린 결론입니다. 약의 부작용 없는 효용 한계는 처음부터 다 나을 때까지 먹는 것이 아니라는 말입니다.

이번에는 끝까지 약 먹여서 뿌리 뽑겠다는 생각 자체가 약을 대하는 잘못된 자세라는 것을 여러분이 이해하고 있을지 모르겠습니다. 다른 사람들이 동의하든 안 하든 간에 의사 노릇 30년을 한 저의 약에 대한 결론은 분명 이렇습니다.

그럼 환자는 의료적 도움을 통해 전환점만 돌고 나서 아무 도움 없이 혼자 어떻게 해야 건강을 회복할 수 있느냐는 질문이 남겠죠? 그다음으로 환자를 도와줄 방법은 먹거리를 통한 것입니다.

인간은 먹어야 삽니다. 먹어야 힘을 내고 힘이 있어야 어떤 병이든 이겨낼 기초가 마련되는 것입니다. 먹고 힘을 내려면 소화가 잘되어야겠죠? 그런데 먹어서 힘을 내기는커녕 먹기만 하면 체하거나 소화장애로 피로가 몰려오고 정확한 소화 시스템 운영이 잘 안 되어 도리어 몸이 혼탁해진다면 병을 이긴다는 것은 불가능한 일이 됩니다.

소화는 우리 몸에서 일어나는 빠르고 효율적인 발효 과정입니다. 입에서부터 항문까지는 잘 만들어진 발효 시스템인 것입니다. 그런데 소화에 필요한 힘도 아낄 수 있다면 병과 싸울 힘이 더 강해지겠죠?

그래서 저의 또 하나의 결론, 치료를 마무리하는 방법은 발효식의 도움을 받는 것입니다. 물론 소화기가 별 탈 없고 건강하다면 굳이 발효식을 먹지 않아도 되겠지만 체력이 부족하고 빠른 에너지 충전이 필요한 상태라면, 약이 할 일을 다한 상태에서는 발효식이 큰 도움이 될 것입니다.

우리나라는 발효식으로 본다면 전 세계에서 최고의 역사와 전통과 문화를 자랑하는 나라입니다. 요리책이 아니므로 너무 깊이 파고들 생각은 없지만 제가 아는 한도에서 우리나라는 빛나는 발효 왕국입니다. 전통적인 먹거리 문화 자체가 약선으로 이루어져 있다 해도 과언이 아닙니다. 가장 기본적인 양념인 간장이 발효 염분이고, 서민의 영양 보충식인 된장이 발효 단백질입니다. 내가 사는 환경에서 공생하는 친근한 미생물들이 만든 전통 발효식은 가장 안전하고 좋은 병원균 대응책이자 최고의 영양식입니다.

그런데 여기서 현실적인 한계에 부딪혔습니다. 저는 치료를 시작한 의사이고, 제가 시작한 치료가 환자의 집에서 가족들의 협조로 마무리되어야 하기 때문에 제가 한 일의 성과에 무심하기가 어렵습니다.

무심할 수 없어서 관심을 가지지만 제가 모든 환자의 가족이 되어 그들과 함께 식사를 하고 밥을 차려준다는 것은 현실적으로 불가능합니다. 치료를 위해, 완치를 위해 집에서 먹는 음식의 절대적 필요성을 인지하도록 설명해줄 수는 있지만 제가 다 해줄 수 없다는 한계를 지금도 어찌하지 못합니다.

이 고민이 해결되려면 집집마다 엄마들이 식의(食醫)가 되어야 합니다. 식의란 음식으로 치료와 예방을 하는 의사를 말하는 데, 한때 많은 인기를 모았던 드라마〈대장금〉에도 소개된 적이 있습니다.

제가 제 아이들을 약 안 쓰고 건강하게 키울 수 있었던 것도 모두 전통 발효식 덕분이었습니다. 그래서 엄마 노릇 27년의 결론은 가족의 건강을 위해서는, 치료와 예방을 위해서는 집집마다 다시 장독대를 만들고, 장을 담고, 발효식을 열심히 먹고 먹여야 한다는 것입니다.

올해 설 이후 안아키에서는 함께 장 담그기가 이루어져서 난생처음 장을 담아본다는 엄마들이 100명이 넘었습니다. 워킹맘들도 어렵게만 생각했던 장 담그기가 퇴근 후 설거지보다 간단하고 쉬웠다는 후담을 올렸습니다. 새로운 식의가 100명이 더 생겼다는 소식처럼 반가웠습니다.

이 책을 읽는 여러분도 어렵게만 생각하지 말고 우리 전통 발효식에 관심을 가지고 각자의 집에서 식의가 되도록 노력하기를, 꼭 그렇게 되기를 바랍니다. 그래야 내 가족을 약물의존증 환자 또는 약물중독자로 만들지 않고 마음 편히 의료 기관을 이용할 수 있게 됩니다.

  결코 짧지 않은 30년 세월을 보낸 의사로서의 시간과, 육아 시간이라고 하기에는 너무 긴 27년의 세월을 들먹이며 주장하는 저의 결론을 여러분이 꼭 귀 기울여주기를 온 마음으로 청합니다.

에필로그

여러분을
안아키로 초대합니다!

　안아키는 네이버 카페 중 하나로, 맘닥터들이 자연치유법과 자연육아에 관한 조언을 드리는 육아 카페입니다. 안아키는 원래 '약 안 쓰고 아이 키우기'라는 카페명의 약칭이었습니다. 하지만 이후 약물 오남용을 피하기 위해 쉽게 병원을 찾는 엄마 아빠가 되지 않고, 내 아이는 내가 책임지고 키운다는 의미로 '내 품에 안아서 키운다'는 뜻을 심어 안아키 카페의 회원들을 안아키스트라고 부르기로 했습니다.

　처음에는 살림닥터인 제가 자연치유와 자연육아에 관한 모든 상담을 하면서 회원들을 도왔지만 그동안 살림맘닥터 아카데미라는 것을 통해 맘닥터 제도를 만들고, 2015년 처음으로 제1기 맘닥터들이 배출되었습니다.

맘닥터들은 모두 자기 아이가 아파서, 아이가 늘 항생제를 달고 살아서, 입원을 밥 먹듯이 하며, 불행한 육아와 고통스러운 육아를 해오면서 이건 아니다 생각하고 검색을 통해 안아키 카페로 온 보통의 여러분과 똑같은 엄마들이었습니다. 하지만 지금은 자연치유법과 자연육아법을 통해 아이의 병도 치료하고 훨씬 마음 편하고 여유 있게 행복한 육아를 하는 분들입니다.

지금도 안아키에서는 상담실을 통해 많은 엄마들의 질문에 답을 해주고 있습니다. 여러분과 똑같은 과정을 경우에 따라서는 더 심하게, 더 아프게 겪은 분들이시라 여러분의 마음을 충분히 알고 헤아려가며 상담해줍니다.

그리고 제2기 맘닥터 과정이 시작되었습니다. 맘닥터 과정은 1년에 한 기씩 배출됩니다. 제3기가 배출되는 내년에는 식의 과정도 도입할 예정입니다. 식의는 먹거리로 사람의 건강을 돌보고 병을 치료하는 의사를 일컫는 전통적인 명칭입니다. 내 친구 미생물의 개념을 알고 발효식을 통해, 집밥을 통해 더 건강한 가족을 만들자는 의미에서 미래 지향적 선구 역할을 하게 될 사람들이 바로 식의입니다.

이 책에서는 지면의 제한으로 충분히 설명하지 못한 여러 가지 질환들과 증상들에 대한 자연치유법과 더 건강한 육아를 위한 온갖 노하우가 있는 곳이며 백신 설명서들이 사진으로 찍혀 원형 그대로 소개되어 있습니다. 이유식과 면역력 부분을 통해 제가 가장 추천한 최선의 대안인 발효식 등등.

안아키에는 처음으로 식혜를 만들어보았다는 엄마들의 즐거운 후기가 많습니다. 발효식이라는 것이 어렵게 느껴지지만 알고 보면 쉽고 재미있고 살림살이에 관심과 애정이 가게 만드는 것이거든요. 또 발효 요리에 입문하시는 분들을 위한 발효 요리 간단 레시피가 많이 소개되어 있으며, 때가 되면 함께 매실청을 담그고 고추장을 담그고 된장을 담급니다. 최근에는 아파트에서도 된장을 맛있게 담글 수 있도록 가장 멋진 요리사 효모를 분양하기 위한 '만가장'이라는 프로젝트도 성황리에 진행 중입니다.

안아키는 실명을 사용한 닉네임으로 상호 진실성을 가지고 대화하면서 현실적인 해법과 마음을 나누는 곳입니다. 이 책을 끝까지 읽은 여러분에게 가장 큰 선물은 안아키 카페를 소개하고 초대하는 일이라 믿어 의심치 않기에 이 글을 마치는 글로 쓰겠다 생각했습니다.

사진에 보이는 엄마들이 제1기 맘닥터들입니다. 여러분도 안아키에서 공부하여 내 아이도 건강하게 만들고 남의 아이도 돌봐줄 수 있는 세상의 큰 어머니 역할을 하게 될 맘닥터가 되어보세요. 안아키 카페를 찾아오신다면 저와 맘닥터들이 온 가슴 열어 진심으로 여러분을 환영할 것입니다.

안아키에서 살림닥터 김효진 드림

약 안 쓰고 아이 키우기

초판 1쇄 발행 | 2016년 4월 20일
초판 8쇄 발행 | 2017년 3월 10일

지은이 | 김효진
발행인 | 김태진 · 승영란
편집주간 | 김태정
디자인 | 여상우
마케팅 | 함송이
경영지원 | 이보혜
출력 | 블루엔
인쇄 | 대일문화사
제본 | 경문제책사
펴낸곳 | 에디터
주소 | 서울특별시 마포구 마포대로14가길 6 정화빌딩 3층
문의 | 02-753-2700, 2778 FAX 02-753-2779
등록 | 1991년 6월 18일 제313-1991-74호

값 13,800원
ISBN 978-89-6744-165-4 13590

이 책은 에디터와 저작권자와의 계약에 따라 발행한 것이므로
본사의 서면 허락 없이는 어떠한 형태나 수단으로도 이 책의 내용을 이용하지 못합니다.

■ 잘못된 책은 구입하신 곳에서 바꾸어 드립니다.